## ACLS History E-Book Project

Reprint Series

The ACLS History E-Book Project (www.historyebook.org) collaborates with constituent societies of the American Council of Learned Societies, publishers, librarians and historians to create an electronic collection of works of high quality in the field of history. This volume is produced from digital images created for the Project by the Scholarly Publishing Office and the Digital Library Production Service at the University of Michigan, Ann Arbor. The digital reformatting process results in an electronic version of the text that can be both accessed online and used to create new print copies. This book and hundreds of others are available online in the History E-Book Project through subscription.

Many of the works in the History E-Book Project are available in print and can be ordered either directly from their publishers or as part of this series. For information refer to the online Title Record page for each book. Inquiries regarding this series can be directed to info@hebook.org.

ACLS

HISTORY E-BOOK

http://www.historyebook.org

# Würzburger Studien zur Altertumswissenschaft

Herausgegeben mit Unterstützung der Gesellschaft
zur Förderung der Wissenschaften bei der Universität Würzburg
von Karl Hosius / Friedrich Pfister / Joseph Vogt

Fünftes Heft:

Barbara Förtsch

## Die politische Rolle der Frau in der römischen Republik

Verlag von W. Kohlhammer / Stuttgart 1935

# Die politische Rolle der Frau in der römischen Republik

Von

Barbara Förtsch

Verlag von W. Kohlhammer / Stuttgart 1935

Druck von W. Kohlhammer in Stuttgart / Printed in Germany

MEINEN ELTERN

# Vorwort.

Diese Untersuchung dient vor allem der Aufgabe, den politischen Einfluß der Frau im letzten Jahrhundert der Republik im Zusammenhang nachzuweisen. Bei der Prüfung der Voraussetzungen, die in Rom die politische Wirksamkeit der Frau ermöglicht haben, zeigte sich, daß nicht auswärtige Vorbilder den Ausschlag gaben, sondern altrömische Anschauungen und Einrichtungen. So mußte die Stellung der römischen Frau in Sage und Kult, im Geschlechtsverband und Rechtsleben aufgezeigt werden, wiewohl diese schwierigen Fragen nicht erschöpfend behandelt werden konnten.

Herrn Professor Dr. Joseph Vogt in Würzburg, der die Arbeit angeregt und bis zur Drucklegung gefördert hat, bin ich zu großem Dank verpflichtet. Auch der Gesellschaft zur Förderung der Wissenschaften an der Universität Würzburg, die durch einen Zuschuß die Drucklegung ermöglicht hat, danke ich an dieser Stelle.

Würzburg, im Januar 1935.

**Barbara Förtsch.**

# Inhalt.

Seite

I. Grundlagen der politischen Wirksamkeit der Frau in Rom.

1. Grundsätzliche staatsrechtliche Ausschaltung der Römerin . . . 1
2. Politische Rolle der Frau in der römischen Sage . . . . . . 4
3. Weibliche Gottheiten; Stellung der Römerin im Kult . . . . 8
4. Privatrechtliche und soziale Stellung der Frau in Rom . . . . 19
5. Möglichkeit einer Beeinflussung der politischen Rolle der Römerin durch die Verhältnisse in außeritalischen Staaten . . . . . . 36

II. Passive politische Rolle der Frau in Rom.
Politische Bedeutung der Römerin als Mitglied der Gens, als Trägerin des Blutes bei politischen Heiraten . . . . . . . . . . . . 45

III. Der politische Einfluß der Frau im letzten Jahrhundert der römischen Republik (Chronologische Ordnung).

Cornelia, Mutter der Gracchen . . . . . . . . . . . . . . 56
Iulia, Gattin des Marius . . . . . . . . . . . . . . . 72
Aurelia, Mutter Caesars . . . . . . . . . . . . . . . 72
Caecilia Metella, Gattin Sullas . . . . . . . . . . . . . 73
Pompeia, Enkelin Sullas und Gattin Caesars . . . . . . . . 78
Terentia, Gattin Ciceros . . . . . . . . . . . . . . . 79
Fulvia und Sempronia, die Catilinarierinnen . . . . . . . . 82
Mucia Tertia, Gattin des Pompeius . . . . . . . . . . . 84
Clodia, Schwester des Clodius . . . . . . . . . . . . . 86
Servilia, Schwester Catos und Mutter des Brutus . . . . . . . 88
Iulia, Tochter Caesars . . . . . . . . . . . . . . . . 94
Calpurnia, Gattin Caesars . . . . . . . . . . . . . . . 99
Cornelia, Gattin des Pompeius . . . . . . . . . . . . . 100
Kleopatra VII. von Ägypten . . . . . . . . . . . . . . 101
Servilia, Mutter des Brutus; Claudia und Porcia, Gattinnen des Brutus . . . . . . . . . . . . . . . . . . . . . 104
Fulvia, Gattin des Antonius . . . . . . . . . . . . . . 108
Iulia, Mutter des Antonius; Octavia, Schwester Octavians . . . 116
Mucia Tertia . . . . . . . . . . . . . . . . . . . . 117
Octavia, Schwester Octavians . . . . . . . . . . . . . . 119

Zusammenfassung . . . . . . . . . . . . . . . . . . . . 122

Schematische Darstellung der verwandtschaftlichen Beziehungen der führenden Politiker im letzten Jahrhundert der Republik . . . . . 127

# I. Grundlagen der politischen Wirksamkeit der Frau in Rom.

Es ist eine beachtenswerte Tatsache im Ablauf der Geschichte, daß von Zeit zu Zeit unter gewissen Umständen ein besonders ausgeprägtes Streben nach einer politischen Einflußnahme der Frauen zu beobachten ist, sei es im Zusammenhang mit weltanschaulichen Neuerungen, im Verein mit der sozialen Entwicklung oder als Begleiterscheinung gewisser politischer Tendenzen oder Einrichtungen. Im Altertum war es vor allem Rom, wo dieses Streben besonders stark in Erscheinung trat und schon früh sich auswirkte. „Der Römer beherrscht die Welt, den Römer die Frau“ behauptete schon Cato der Ältere, aber wir wissen nicht, ob er damit nur das häusliche Regiment der Frauen treffen oder auch ihren Einfluß in politischen Dingen andeuten wollte [1]). Ein moderner Betrachter römischer Verhältnisse ist jedenfalls der Anschauung, daß erst nach Caesars Tod die erste direkte Einwirkung einer Frau auf die Politik nachzuweisen sei [2]). Die Aufgabe der vorliegenden Untersuchung ist es nun, den Umfang und die Art eines etwa vorhandenen politischen Einflusses der Frau in historisch gesicherter Zeit, von der gracchischen Revolution bis zur Begründung des Principates, darzulegen und die Gegebenheiten und Entwicklungen aufzuzeigen, welche seine Entstehung bedingt oder begünstigt haben.

## 1. Grundsätzliche staatsrechtliche Ausschaltung der Römerin.

Wenn wir heute von einer politischen Rolle der Frau reden, so verstehen wir darunter zumeist nach dem Vorbild einzelner Staaten eine durch die Verfassung gesetzlich geschaffene und anerkannte politische Stellung, die auf dem Grundsatz der Gleichberechtigung

1) Plutarch, Cato maior 8, 4.

2) H. Willrich, Livia (1911) S. 45: durch Servilia, die Mutter des Caesarmörders Brutus.

aller Staatsbürger beruhend, im wesentlichen in dem aktiven und passiven Wahlrecht der Frau besteht. Im römischen Staatsrecht ist von alledem keine Rede. Die Stellung der Frau in der römischen Politik ist eine völlig andere. Denn in Rom ist genau wie in Griechenland die Frau grundsätzlich von jeder politischen Tätigkeit ausgeschlossen, jede staatsrechtliche Funktion ihr abgesprochen. Dem entspricht bei beiden Völkern als Gliedern der indogermanischen Völkergemeinschaft[1]) die vollkommen untergeordnete Stellung der Frau in privatrechtlicher Hinsicht. Für die Frau im außerdorischen Hellas, namentlich für die attische Griechin gilt das thukydideische Perikleswort, daß es der höchste Ruhm der Frau sei, ihrer natürlichen Bestimmung keine Schande zu machen und weder im Guten noch im Bösen in der Männer Mund zu sein[2]). In rechtlicher Beziehung steht die Griechin lebenslänglich auf einer Stufe mit dem Unmündigen[3]). Auch die Römerin befindet sich in privatrechtlicher Hinsicht Zeit ihres Lebens unter irgendeiner Art der Vormundschaft eines Mannes[4]), auch persönlich in strenger Unterordnung[5]). Die römische Gesellschaft ist auf durchaus vaterrechtlicher Grundlage aufgebaut. Das römische Staatsrecht schließt die Frau vollständig vom Staatsleben aus, weder an den Comitien nimmt sie teil[6]), noch kann sie irgendein Amt verwalten: feminae . . . nec iudices esse possunt nec magistratum gerere[7]).

Diese einheitliche Grundhaltung der beiden führenden Völker des Altertums ist der Ausgangspunkt für eine bei beiden durchaus verschiedene Entwicklung der sozialen und politischen Stellung der Frau. Die Stellung der Griechin hält sich jahrhundertelang auf dem Stand, den die prinzipielle hellenische Anschauung einmal geschaffen hat. In privater Beziehung bleibt die Griechin das untergeordnete Wesen, das ein rein innerhäusliches, wenig angesehenes Leben

---

1) S. Schrader, Reallexikon d. idg. Altertumskunde I 286.

2) Thuk. II 45.

3) Herm. Thalheim, Griechische Rechtsaltertümer (Freiburg 1884) S. 7 ff. mit einschlägiger Literatur; ebenso Lewy, De civili condicione mulierum Graecarum (Breslau 1885) S. 1.

4) Livius XXXIV 2: maiores nostri nullam, ne privatam quidem rem agere feminas sine tutore auctore voluerunt; in manu esse parentum, fratrum, virorum.

5) Cic. de rep. IV 6–7; Val. Max. VI, 3, 9; 10–12; Gell. X 23.

6) Gell. V 19, 10: . . . cum feminis nulla comitiorum communio est. Val. Max. III 8, 6: Quid feminae cum contione? Si patrius mos servetur, nihil.

7) Ulpian, Dig. XL 17, 2; ähnlich Livius XXXIV 7, 8.

führt[1]). Nie erringt sie irgendwelche Bedeutung für den Gang der politischen Ereignisse. Wohl steht am Anfang der griechischen Geschichte die Frau als Gegenstand und Preis des Kampfes der Männer und die sagenhafte Gestaltung der hellenischen Vorgeschichte hat die mannigfache Bedeutung der Frau als Priesterin und Königin, Herrin und Hausfrau, als der eigentlichen Trägerin der Familie und Mitschöpferin von Kultur und Geschichte gezeichnet. Auch fehlt es nicht an Versuchen, die Stellung der Frau im Hellas zu heben und günstiger zu gestalten[2]). So hatten die Sophisten die Teilnahme der Frau am Staatsleben gefordert. Aber obwohl die Komödie diesen Gedanken aufgriff[3]) und namentlich die Staatstheorie sich damit befaßte[4]), hat die Frau nirgends eine so geringe politische Rolle inne, wie gerade in Griechenland[5]). Mögen wir auch geneigt sein, in den Darstellungen der griechischen Keramik und in der Gestaltung der mythischen Frauen im Drama den Niederschlag einer der Größe des Griechentums angemesseneren Frauenkultur zu erblicken, so sehen wir uns dennoch gezwungen, im Anschluß an die freilich spärlichen Aussprüche aller griechischen Autoren die Griechin

1) Aristoph. Thesm. 385 ff.; 790 ff.

2) Vgl. Ivo Bruns, Frauenemanzipation in Athen (Vorträge und Aufsätze S. 154 ff.).

3) z. B. Aristoph. Ekklesiazusen.

4) Plato, Rep. V 454 ff.

5) O. Braunstein, Die politische Wirksamkeit der griechischen Frau (Leipzig 1911) zeigt eine politische Stellung der Griechin in der römischen Kaiserzeit, die als Betätigung des Bürgerrechts in der Hauptsache eine finanzielle Leistung der Frau in Liturgien und Magistraten darstellt und „hervorgegangen ist aus der Vereinigung griechischen Munizipallebens in römischer Zeit mit vorgriechischem Mutterrecht" (beschränkt auf das südwestliche Kleinasien). Auch aus der Zeit der attischen Demokratie sind einige Frauen von politischem Einfluß bekannt. Es sind Elpinike, die Tochter des Miltiades und Halbschwester Kimons, die als Helferin des Bruders (Plut. Kimon 4 und 14, 5; Perikles 10, 4) und Gegnerin des Perikles (Plut. Perikles 28, 5) auftrat und daneben Aspasia, die hochgebildete und geistvolle (Lukian, Imagines 17; Plut. Per. 24), politisch einflußreiche (Plut. Per. 24) Frau des Perikles, die redekundige Lehrmeisterin des Sokrates (Plato, Menex. 235 ff.). Aber für die ferne von Athen als Tochter des in fürstlichem Ansehen stehenden Miltiades aufgewachsene Elpinike sowie für die aus Milet, dem Kolonialgebiet stammende Aspasia sind wesentlich andere Verhältnisse als für die übrigen Griechinnen vorauszusetzen. Eine freiere Lebensgestaltung und gewisse Emanzipation der Frauen in diesen Gegenden bedingte die Entwicklung einer selbständigeren Persönlichkeit, die auch Staatsmännern gegenüber aufzutreten und sich zu behaupten wagen konnte.

in fast sklavischer Abhängigkeit und Unbedeutendheit uns vorzustellen[1]). Der Römer selbst bestätigt diese Anschauung, indem er die Stellung der Frau in Rom und in Griechenland in betonten Gegensatz stellt[2]).

## 2. Politische Rolle der Frau in der römischen Sage.

In Rom ist freilich eine bei der schroffen grundsätzlichen Haltung ganz erstaunliche Entwicklung der gesellschaftlichen und rechtlichen Stellung der Frau zu verzeichnen und trotz ihrer staatsrechtlichen Ausschaltung ist die Römerin durchaus nicht ohne Einwirkung auf die Politik geblieben. Dabei ist es allerdings von größter Bedeutung, daß in Rom noch in der Zeit der absoluten Gültigkeit des strengen Rechtsstandpunktes eine dem Wesen nach völlig andere Wertung der Frau bestand. Es ist eine der merkwürdigsten Erscheinungen der römischen Geistesgeschichte, daß, während der Römer der Frau jeglichen Einfluß auf die Politik verwehrt, die römische Sage ihr eine entscheidende Rolle im Ablauf der Geschichte zuerteilt. Die römische Frühgeschichte setzt in der Tat die Frau in ursächlichen Zusammenhang mit den wichtigsten Ereignissen der staatlichen Entwicklung Roms. Ganz anders als in der griechischen Sage hat hier die Frau namentlich auf ausgesprochen politischem Gebiet eine überragende Rolle. Eine Frau ist die Verleiherin zweier Kronen: sowohl das Königtum des Tarquinius Priscus als das des Servius Tullius ist ein Geschenk aus der Hand einer Frau, der Etruskerin Tanaquil[3]). Eine Frau, Lucretia, gab auch den Anlaß zur Vertreibung der römischen Könige und damit zur Entstehung der römischen Republik[4]). Die Beseitigung des Dezemvirats geschah ebenso auf Veranlassung einer Frau, Verginia[5]). Schließlich gab auch eine Frau den Anstoß zur Zulassung der Plebejer zum Konsulat[6]). Die Tapferkeit einer Cloelia gab Rom die Blüte seiner Jugend, die man als Geiseln hatte ausliefern müssen, zurück[7]) und das würdevolle Auf-

1) Xenophon, Oeconom. VII 5—6; Aristot. Pol. I 13, 1260a 27 und öfter; Euripides-Fragmente.

2) Corn. Nepos, Praef. 6.

3) Livius I 34; Dionys. Hal. III 46, 47 ff.; Zonaras VII 8; Val. Max. I 6, 1 u. a.

4) Livius I 57, 6 ff.; Dionys. IV, 64 ff.

5) Livius III 44; 47 ff.; 51 ff.; Diodor XII 24.

6) Livius VI 34, 5 ff.

7) Livius II 13.

treten einer Veturia und Volumnia, der Mutter und Gattin des Coriolan, bewahrte Rom vor einem Krieg mit den Volskern[1]). Dies ist die ganz hervorragende Stellung, welche die Römerin in der Sage ihres Volkes einnimmt. Es ist ohne weiteres klar, daß darin eine vollkommen andere Geisteshaltung in Erscheinung tritt, als sie in den römischen Rechtsgrundsätzen, der schärfsten Ausprägung des vaterrechtlichen Prinzips, Ausdruck gefunden hat. Die Erklärung dieser Erscheinung ist eines der interessantesten Probleme der römischen Geschichte überhaupt und findet daher natürlich die Beachtung der namhaftesten Forscher. Die Fragestellung läßt sich ungefähr auf folgende Formeln bringen: 1. Ist in der römischen Sagenüberlieferung eine Erinnerung an frühere historische Ereignisse festgehalten? 2. Stellt die nationalrömische Sage eine reine Nachbildung fremdländischer Überlieferung dar oder ist sie bloße Erfindung? 3. Ist in der römischen Sage der Niederschlag einer andersgearteten, vorrömischen Kultur- und Geisteswelt zu erblicken?

Für eine Reihe von Sagen, die sich allerdings nicht auf das Problem der Stellung der Frau beziehen, gelang es auf Grund archäologischer Funde eine historische Grundlage nicht gerade zu beweisen, aber doch für durchaus möglich, die Funde in Übereinstimmung mit der Überlieferung zu erweisen[2]). Nach anderer Methode vorgehend hielt Schwegler nicht nur die Erzählung von dem Sturz der Dezemvirn durch Verginia für durchaus glaubhaft, sondern sah auch in der Lucretiasage einen Niederschlag historischer Geschehnisse[3]). Nach seinem Vorgang erkennt auch Münzer darin einen „guten geschichtlichen Kern“[4]). In der gleichen Fabel sieht dagegen Soltau die Übertragung eines dichterisch-dramatisch umgestalteten griechischen Originals[5]). Die Sagen von Cloelia und Verginia seien aetiologische Mythen, Gelehrtenfiktionen. Ebenso zeigt Mommsen in der Erzählung von Verginia die „wohlbekannten Züge des antiken Tyrannen“ auf[6]); auch Ed. Meyer[7]) und Sigwart[8])

1) Livius II 40.

2) I. G. Scott, Early Roman Traditions in the Light of Archeology. Memoirs of the American Academy in Rome, 1927.

3) Römische Geschichte im Zeitalter der Könige (3 Bde., Tübingen 1854) 3, 52 f.; 64 f.; 87 f. (Verginia); 1, 780; 803.

4) R.-E. XIII 1695.

5) Anfänge der römischen Geschichtschreibung S. 95; 97; 102.

6) Römische Forschungen I 299.

7) Der Ursprung des Tribunats, Hermes 30, S. 20.

8) Klio VI, S. 352.

nennen sie ein Literatenmachwerk. Für die Fabel von Coriolan und den Frauen suchte ebenfalls Mommsen den Nachweis der Erfindung zu erbringen[1]). Gerade diese Sage sei höchst geeignet, die Klage Ciceros über die Lügenhaftigkeit der römischen Geschichte als Beispiel zu demonstrieren. Ferner hat noch in neuester Zeit W. Schur die völlige Ungeschichtlichkeit der Coriolanerzählung und der Lucretiasage dargelegt[2]).

Jedoch für das Verständnis römischen Geistes ist es minder wichtig zu wissen, daß die Überlieferung der Frühzeit auf Erfindung beruht; weit wichtiger wäre die Feststellung, wann diese Erfindung stattgefunden habe; die stärkste Bedeutung kommt aber der Frage zu, warum sie gerade so gestaltet wurde, warum gerade mit dieser betonten Hervorhebung weiblichen Einflusses auf die Geschichte? Die Lösung der Frage von dieser Seite her hat als erster Johann Jakob Bachofen versucht. In seinen Untersuchungen über die Königsgeschichte der Tanaquilsage[3]) kommt er zu dem Ergebnis, daß in dieser Erzählung eine Fabel vorliege, die in engstem Zusammenhang mit dem östlichen, auf mutterrechtlichen Vorstellungen begründeten Sagenkreis stehe. Seither und namentlich seit seinen Ausführungen über die mutterrechtliche Grundlage der etruskischen Kultur[4]) hat man sich gewöhnt[5]), in den römischen Sagen, besonders in ihren Frauengestalten, das Fortleben gynäkokratischen, wenigstens doch mutterrechtlichen[6]) Gedankengutes zu sehen, das nach Rom durch Vermittlung Etruriens gedrungen sei[7]). Eine neuere Untersuchung von L. Wenger[8]) leugnet allerdings das Vorhandensein jeglicher Spur solcher Vorstellungen für Rom, indem sie vor allem das Hauptmoment, das man seit Bachofen für eine mutterrechtliche

---

1) Römische Forschungen II 147 (104); vgl. Soltau S. 111.

2) R.-E.² Suppl. V, 653—60 und 356—69.

3) Die Sage von Tanaquil. Untersuchung über den Orientalismus in Rom und Italien. Heidelberg 1870.

4) a. a. O. Beilage S. 281—352: Das Maternitätsprinzip der etruskischen Familie.

5) Literaturangabe bei L. Wenger, Hausgewalt und Staatsgewalt im römischen Altertum. Miscellanea für Ehrle II (Rom 1924) S. 8, 1 und 10, 2.

6) Über den Unterschied zwischen Mutterrecht und Matriarchat oder Gynaikokratie s. Grosse, Die Formen der Familie (1896) S. 11 f.

7) Etruskischer Einfluß in anderen Dingen steht ganz fest, z. B. für Lager- und Stadtbau, Hoheitszeichen der fasces u. a. Vgl. Vogt, Die römische Republik (Geschichte der führenden Völker Bd. 6, Freiburg 1930) S. 14 f.

8) a. a. O. II 1 ff.

Grundlage der etruskischen Kultur in Anschlag bringt, die Metronymität, aus anderen Ursachen als aus dem Matriarchat erklärt. Die Benennung nach der Mutter auf etruskischen Grabinschriften, die übrigens im Gegensatz zu Bachofens Behauptung durchaus nicht vorherrschend sei und in älteren Inschriften sogar fehle, beruhe häufig auf recht harmlosen Verhältnissen [1]). W. Körte [2]) sieht in der Angabe des Mutternamens einen Ausdruck der überragenden Bedeutung der aristokratischen Gentilität in Etrurien, die natürlich größten Wert auch auf die Abstammung von mütterlicher Seite legte. Im Gegensatz zu ihm und Wenger betont Altheim [3]), daß die Nennung des Mutternamens auf etruskischen Grabinschriften eine spezifisch etruskische Besonderheit darstelle, die in einer streng vaterrechtlichen Gesellschaftsordnung nicht erklärlich sei. Doch deute die Unregelmäßigkeit im Gebrauch des Metronymikons nicht auf eine rechtliche Satzung, bestenfalls auf einen Brauch, eine Sitte. Diese eigenartige etruskische Sitte aber sei zutiefst begründet in einer der römischen ganz entgegengesetzten Auffassung der Welt überhaupt, sei zu erklären aus dem Gegensatz einer weiblichen und männlichen Weltanschauung, aus einer Auffassung und Ordnung der Welt nicht vom Geiste, wie im indogermanischen Rom, sondern von den triebhaft-elementaren Kräften her, deren Herrschaft die vorhomerische, vorklassische Mittelmeerkultur kennzeichne. So wäre die Ansicht Wengers (S. 13), der zugeben zu dürfen glaubt, „daß sich unter den vaterrechtlichen Familienorganisationen gelegentlich Spuren eines anderen Familienrechtes finden, das wohl einer anderen unterjochten Bevölkerung angehört" dahin zu erweitern und zu verallgemeinern, daß sich in der römischen Kultur Reste einer anderen, nichtindogermanischen Weltanschauung erhalten haben.

Solche Spuren könnte man eben gerade in der römischen Sagengestaltung zu erkennen glauben [4]). Neuerdings versucht man, bisher

1) Oft ist die Frau, die den Vorzug hat, vor dem Manne gestorben oder sie ist eine Freigeborene, der Mann nur Freigelassener oder die Höflichkeit des Mannes läßt der Frau den Vortritt (Wenger S. 11). Auch könne der Gentilname des Vaters als überflüssig weggelassen sein; schließlich sei auch an eine uneheliche Abstammung des nach der Mutter Benannten zu denken (S. 12).

2) R.-E. V 754.

3) F. Altheim, Epochen der römischen Geschichte (Frankfurter Studien zur Religion und Kultur der Antike IX 1934), Anhang S. 234—247: Die Stellung der Frau in Etrurien.

4) Frazer, Der goldene Zweig (Deutsch von Helen von Bauer, Leipzig 1928)

unverständliche Erscheinungen der römischen Sage durch Vergleichung mit den Tatsachen des römischen Kultes zu klären[1]) und scheint damit einen sehr aussichtsreichen Weg eingeschlagen zu haben. So hat Euing, nachdem Bachofen bereits erste Anregungen dazu gegeben hatte, wohl mit Erfolg die ursprüngliche Gottheitnatur der Tanaquil nachgewiesen[2]).

## 3. Weibliche Gottheiten; Stellung der Römerin im Kult.

Mit der Einreihung einer Sagengestalt in den Bereich des Kultischen wäre allem Anschein nach die Frage nach der Stellung der Frau in der Sage unterzuordnen unter die Frage nach der Rolle der weiblichen Gottheiten in Rom. Aber weder Bachofen, der den Ideengehalt der Tanaquilsage von kulturell anders gearteten Völkern und Zeiten herleiten wollte, noch Euing, der ihn auf das Gebiet des Mythus und der Religion zurückführt, können alles aus römischer Anschauung erklären; immer wieder wird der römische Vorstellungskreis durchbrochen und drängen, ganz allgemein gesprochen, außerrömische Gedanken und Vorstellungen in die Erklärung herein. Das ist in besonders hohem Maße auch der Fall, wo es sich um unzweifelhaft der Götterwelt angehörende Gestalten handelt, namentlich bei dem Unternehmen, die große Bedeutung der außerordentlich zahlreichen weiblichen Gottheiten in Rom näher zu beleuchten. So kam es, daß die bisherige Forschung fast ausschließlich die indogermanischen, zumindest die graeko-italischen Gemeinsamkeiten der römischen Religion aufdeckte und fremdes Gut unter der römischen Gestaltung aufzuspüren sich bemühte. Außerordentlich reich sind die Ergebnisse dieser Untersuchungen gewesen. Es sei nur erinnert an die Gleichsetzung der römischen Trias Ceres, Liber, Libera mit der griechischen Götterdreiheit Demeter, Bakchos, Persephone, von Juppiter, Juno uud Minerva mit Zeus, Hera und Athena oder an die Identifizierung von Ceres, Tellus, Flora und Terra Mater

S. 222 ff.; 230 f. nimmt mutterrechtliche Grundlage für die römische Königsgeschichte an.

1) L. Euing, Die Sage von Tanaquil (1933); E. Tabeling, Mater Larum. Zum Wesen der Larenreligion (1932); beide: Frankfurter Studien zur Religion und Kultur der Antike; F. Pfister, Reliquienkult im Altertum. Religionsgeschichtl. Versuche Bd. V (Gießen 1909—1912), 593 ff.; vgl. Bursians Jahresber. 229 (1930) 374.

2) a. a. O. S. 19; durch diese Untersuchungen ist auch Schachermeyrs gleichlautende Behauptung (R.-E. IV A 2172) bewiesen.

unter sich und dann noch einerseits mit Demeter[1]), andererseits mit Isis[2]). Namentlich ein allgemeines charakteristisches Merkmal zahlreicher römischer Göttinnen, ihre polare Funktion von Geburt und Tod, wird als etruskische und weiterhin vorhomerische östliche Besonderheit dargestellt[3]).

Aber eine Religionsgeschichte, die bei der schwierigen Problemlage wenigstens den Versuch macht, vor allem das Eigenrömische herauszustellen, also von einem Gesichtspunkt aus an die Religionsgeschichte heranzugehen, der uns heute besonders gegeben erscheint, ist meines Wissens nicht geschrieben. Besonders aufschlußreich wäre es dabei, gerade an den ältesten, früh übernommenen Göttern römische Besonderheiten in Auffassung und Geltungsbereich aufzuzeigen. Es fehlt neben allgemein gehaltenen Formulierungen auch nicht an verstreuten Hinweisen und Ansätzen zu Einzeluntersuchungen. Namentlich Altheim betont die römische Eigenart, wo nur immer ein Anhaltspunkt gegeben ist. So zeigt er, daß die Aufnahme der asiatischen Großen Mutter im Jahre 204 v. Chr. sogleich mit einer Erweiterung ihrer politischen Bedeutung verbunden war, indem ihre Verehrung zu einer Angelegenheit der Nobilität, ihr Kult in den Staatskult aufgenommen wurde[4]). Auch die römische Diana hat gegenüber ihrem griechischen Urbild Artemis mehr politische Bedeutung[5]). Wenn es also ein Grundzug der römischen Religion zu sein scheint, das Wesen fremder Götter besonders intensiv politisch zu erfassen und auszugestalten, so ist mit Betonung hervorzuheben, daß auch weibliche Gottheiten hierin keine Ausnahme machen. Ferner hat Tabeling in seinen Untersuchungen über die Larenmutter, die in Hekate ihre griechische Parallele hat, den Unterschied der römischen Göttin von der griechischen dahin festgestellt, daß in Rom die Göttin vor allen Dingen eine Muttergottheit darstellt und einen festen Platz innerhalb des privaten und staatlichen Kultes besitzt[6]). Neben der Stellung im Staatskult ist es hier die mütter-

---

1) F. Altheim, Terra Mater, Untersuchungen zur altitalischen Religionsgeschichte (1931) S. 36.

2) A. Dieterich, Mutter Erde (1913) S. 83 f.

3) z. B. bei Flora, Tellus, Mater Matuta, Mater Larum; vgl. Altheim a. a. O. und Römische Religionsgeschichte.

4) Altheim, Röm. Rel.Gesch. II S. 140 und 139; vgl. auch S. 148 über das Staatsfest der Bona Dea.

5) Ders. a. a. O. I 40 ff.

6) Tabeling, a. a. O. S. 39.

liche Funktion der Gottheit, die das besondere römische Gepräge ausmacht. Diese mütterlichen Gottheiten nun, die einen Platz im Staatskult innehaben, sind äußerst zahlreich in Rom[1]). Und da die römische Religion „im Grunde eine nüchterne Bejahung und Heiligung des menschlichen Daseins und Arbeitens" ist[2]), liegt hier, wo die Beziehung der Gottheit zu den Realitäten des Lebens klar zutage tritt, der Schluß nahe, daß man in Rom auch der Realität der Frau und Mutter eine hohe Bedeutung beigemessen hat, da sie solche Entsprechungen im Religiösen finden konnte.

Es sollen im übrigen nur zwei weibliche Gottheiten besonders genannt werden, deren Wesen die römische Eigenart deutlich hervortreten läßt und zugleich die Stellung der Frau bei den Römern mit größter Eindringlichkeit darlegt. Eine in der Religionsgeschichte der Völker wohl einzigartige Gestalt ist die römische Göttin Juno. Wie nämlich in der Anschauung der Römer dem höheren, inneren Wesen des Menschen im Manne ein göttlich verehrter Genius entspricht, so glaubt der Römer auch an ein göttliches Abbild des Prinzips der Frau, das den Namen Juno trägt. Diese göttliche Juno kommt jeder einzelnen Frau zu. Man bringt diesem göttlichen Ebenbild sogar Opfer dar und zwar am Geburtstage der Frau und am Fest der Matronalia. Erst aus der Zusammenfassung aller Einzel-Junones[3]) ist, allerdings schon sehr früh und wahrscheinlich zuerst in Latium[4]), die Göttin Juno entstanden, als eine Gottheit des weiblichen Sonderlebens, die bezeichnender Weise wiederum auch zu einer politischen Gottheit erhoben ist[5]). Diese römische Anschauung, die wie das Prinzip des Mannes auch das der Frau zu einem ihr zugeteilten göttlichen Wesen erhöht und die offizielle kultische Ausgestaltung dieses Glaubens an einen besseren göttlichen Teil auch in der Frau ist urrömische Eigenart[6]). Ihrer Allgemeingültigkeit steht nur entfernt das zum Vergleich gegenüber, was uns durch Tacitus (Germ. 8) über die Ansicht der Germanen bekannt ist, da dies nur von einzelnen Frauen gilt. Klarer als in

---

1) Vgl. Terra Mater, Magna Mater, Flora Mater, Tellus Mater, Vesta Mater u. a.

2) J. Vogt, Römische Republik S. 20.

3) Wissowa, Rel. u. Kult. S. 182; Haug, R.-E. X 1115 s. v. Juno.

4) Altheim, Röm. Rel.Gesch. I, S. 99/100.

5) Aufstellung in der Curie; siehe Wissowa a. a. O. S. 189.

6) Die etruskische „uni" ist erst aus der römischen Juno entstanden; vgl. Altheim a. a. O. S. 99 f.

allen Rechtsbestimmungen tritt hier in Wesen und Kult der weiblichen Gottheit Juno die ursprüngliche römische Anschauung vom Wesen der Frau zutage.

Das gleiche gilt von der Gestalt der Göttin Vesta, obwohl wir in ihr die Verkörperung einer zumindest graeko-italischen, wenn nicht indogermanischen Grundvorstellung erblicken müssen. Eine kultische Verehrung des Feuers, die in Rom eine persönliche Gottheit des Feuers entstehen ließ, scheint gemeinsames Eigentum der Indogermanen zu sein. Während aber bei den Germanen und in der altnordischen Kultur die göttliche Ehrung des Feuers nicht zu einer personifizierenden Vergöttlichung führte[1]), kennen die östlichen Indogermanen eine Feuergottheit, im Indischen Agni genannt[2]). Aber diese arische Feuergottheit ist männlich gedacht. Ihr steht im Westen die griechisch-italische Göttin Hestia-Vesta gegenüber, die überdies speziell eine Gottheit des Herdfeuers darstellt. In diesem bemerkenswerten Unterschied einer gemeinsamen religiösen Vorstellung tritt zunächst im Gegensatz zu den östlichen Indogermanen eine engere griechisch-italische Verwandtschaft zutage. Doch auf dieser gemeinsamen graeko-italischen Grundlage haben sich wiederum bemerkenswerte Unterschiede auf italischem Boden entwickelt. Diese bedeutsame Sonderentwicklung des römischen Kultes ist immer betont und namentlich bei Preuner gut herausgearbeitet worden[3]). Es soll hier nur auf einige besonders kennzeichnende Erscheinungen kurz hingewiesen werden. Die griechische Göttin Hestia ist nicht sehr tief persönlich gestaltet. Es ist immer noch mehr die Sache, die im Vordergrund steht, die Göttin mehr ein Symbol deren Heiligkeit, besonders deutlich erkennbar daran, daß man von mehreren, von vielen Hestiai spricht und ihr Name als Bezeichnung der Sache erhalten und in Gebrauch geblieben ist. Preuner erklärt dies wohl mit Recht aus dem Mangel an Energie in den Ideen, welche in dieser Gottheit Gestaltung gesucht haben[4]), nämlich, ausgehend vom Herd als Mittelpunkt des Hauses, der Idee der ehelichen Gemeinschaft und des Familienlebens. Diese aber waren in Rom so

---

1) Hoops, Reallexikon d. german. Altert. Kunde II 30 s. v. Feuerkult und II 507 s. v. Herd.

2) Pfister, R.-E. XI 2145 f.; Süß, ebenda VIII 1257.

3) A. Preuner, Hestia — Vesta. Ein Cyclus religionsgeschichtlicher Forschungen (Tübingen 1864).

4) a. a. O. S. 208.

stark, daß die Vesta nicht nur zu einer vollen, lebenskräftigen Persönlichkeit sich entfaltete, sondern darüber hinaus eine schützende Göttin des Familienlebens geworden ist. Von der gemeinsamen indogermanischen Vorstellung vom heiligen Feuer als Mittler zwischen den Menschen und den übrigen Göttern [1]) hat allein in Rom die Gottheit des Feuers die Funktion einer Versöhnerin, Erhalterin und Ernährerin erhalten, sie ist in Rom eine durchaus mütterliche Göttin geworden und trägt den Namen Vesta Mater. Diese Heiligung der mütterlichen Funktion der Frau, der mater familias, in der Person einer Gottheit ist eine charakteristisch römische Erscheinung, die aber in Vesta eine ganz außergewöhnliche Steigerung erfahren hat. Denn die Vesta mater ist zu der einen großen Gestalt der Vesta publica populi Romani Quiritium geworden, d. h. zu einer der wichtigsten römischen Staatsgottheiten, der Schützerin und Erhalterin des römischen Staates, wie denn auch ihr staatlicher Kult bald den privaten fast ganz in den Schatten stellte.

Das Bild der Frau, wie es in der römischen Sage erscheint und wie es den bedeutenden Göttergestalten und aufschlußreichen religiösen Vorstellungen zugrunde liegt, steht nicht nur im Gegensatz zu den Formulierungen, die das römische Recht für die Stellung der Frau gefunden hat, sondern ist auch ohne Parallele in der ganzen Welt des Altertums. Dasselbe gilt für eine praktisch weit wirksamere einzigartige Ausnahmestellung der Römerin in historischer Zeit, die Stellung der Frau im Kult, als Priesterin der Göttin Vesta. Das Bemerkenswerte ist, daß ein Staat, der wie kein zweiter das streng vaterrechtliche Prinzip zu äußerster Verwirklichung geführt hat und die Frau rechtlich in schroffster Untertanenstellung hält, in einem Falle eine Ausnahme macht und eine Frau heraushebt über die Menge ihrer Mitschwestern, ja über die Gesamtheit des römischen Volkes und sich damit in Gegensatz stellt zur ganzen übrigen indogermanischen Welt.

Die Einrichtung des Priesterinnenamtes der Vestalinnen ist uralt; galt doch Numa Popilius als Schöpfer [2]). Er ernannte vier Vestalinnen; Tarquinius Priscus, nach anderer Überlieferung Servius Tullius zwei weitere [3]). Diese Sechszahl wurde bleibende Ein-

1) Süß, a. a. O.
2) Plutarch, Numa 8.
3) Plutarch, Numa 10; Dionys. Hal. II 67.

richtung[1]). Die Vestalin muß ihre Familie verlassen, sie geht aus der potestas des Vaters über in die der Gemeinde, die sie dem Pontifex Maximus überträgt. Die Virgines Vestales sind also gleichsam „Töchter der Gemeinde", wie neuere Untersuchungen gegenüber älteren Forschungsergebnissen darlegen[2]). Nicht mehr wie jede Römerin untersteht die Vestalin der häuslichen Gerichtsbarkeit, sondern der pontifikalen Jurisdiktion[3]). Der Eintritt in das Amt unterliegt strengen Vorschriften. Ursprünglich nur aus patrizischer, später auch aus plebejischer Familie stammend, darf die Bewerberin weder unter 6 noch über 10 Jahre alt sein. Sie muß patrima und matrima sein, d. h. ihre beiden Eltern müssen noch leben. Freiheit von körperlichen Fehlern ist eine weitere Forderung[4]). Unter den jungen Römerinnen, die alle diese Bedingungen erfüllen, wählt der Pontifex Maximus 20 Mädchen, die als Bewerberinnen zugelassen werden. Unter diesen Bevorzugten aber bestimmt erst das Los[5]), d. i. nach römischem Glauben die Stimme der Götter selbst, die wirklich zum Dienst der Göttin Auserwählte. Sie ist „a diis electa"[6]).

Der Römer glaubt also an die göttliche Berufung einer Frau zur Erfüllung einer für den Staat höchst bedeutsamen Pflicht. Denn vor allem überraschend ist neben dieser göttlichen Auserwählung die Größe und Wichtigkeit der einer Frau anvertrauten Aufgabe. Die Vestalin ist nach römischer Anschauung die Vertreterin der

1) „Erst 382 p. Chr. . . . als Gratian . . . dem Institut ein Ende machte, finden wir sieben Vestalinnen erwähnt" (Marquardt, Röm. Staatsverwaltung III, 323).

2) Nachdem schon Mommsen vom zivilrechtlichen Standpunkt aus die töchterliche Funktion der Vestalinnen erkannte (Röm. Strafrecht S. 18), hat neuerdings Euing a. a. O. auf Grund sagen- und religionsgeschichtlicher Untersuchungen und eingehender Interpretation aller über die Einrichtung des Vestapriesterinnenamtes bekannten Nachrichten erneut festgestellt, daß in den Vestalinnen viel eher Vertreterinnen der Haustöchter als der Hausfrauen zu sehen sind (a. a. O. S. 34—39). Die Widersprüche in der Parallelisierung von mater familias und virgo Vestalis, welche die Vertreter dieser Theorie (Dragendorff, Santinelli u. a.) nur ungenügend zu verschleiern vermochten, sind dadurch beseitigt.

3) Auch dann noch, als längst kein Frauengericht der Familien mehr besteht: Mommsen, Staatsrecht II, 54.

4) Marquardt, Röm. Staatsverwaltung III S. 327.

5) Gellius I 12; Sueton. Aug. 31; Cass. Dio 55, 22.

6) Diese Formel, inschriftlich erhalten auf einer der Statuen aus dem Atrium Vestae (Nr. 23), bildet auch den Titel einer neueren Untersuchung von A. D. Nock, Harvard Theological Review 23, 1930, S. 251 ff.

Gemeinde vor der Gottheit[1]). Ihr oblag es vor allen Dingen, das Herdfeuer des Staates zu unterhalten und vor dem unheilbringenden Erlöschen zu bewahren. Die Bedeutung der richtigen Ausübung dieser Pflicht erhellt besonders aus der auf ihre Vernachlässigung gesetzten Strafe: die Vestalin, welche das Herdfeuer erlöschen läßt, wird vom Pontifex Maximus körperlich gezüchtigt[2]). Außerdem fleht die Priesterin in täglichem Gebet, in regelmäßigen und außerordentlichen Opfern um die Huld der Götter für den Staat. Jedoch das bei dem Alter dieses Amtes und der streng vaterrechtlichen Ordnung römischen Lebens vor allem Erstaunliche ist der Umstand, daß das Wohl des Staates in Abhängigkeit von dem ganz persönlichen Verhalten der Vestalin, einer Frau also, gedacht ist. Solange nämlich die Vestalin das ihr auferlegte Gebot der Keuschheit beobachtet, liegt darin eine Gewähr für das Gedeihen des römischen Staates. Aus einer Stelle bei Plinius geht diese Tatsache klar hervor[3]). Die unter Domitian des Inzestes angeklagte Virgo Vestalis Maxima Cornelia rief zu ihrer Verteidigung immer wieder aus: „me Caesarem incestam putat, qua sacra faciente vicit, triumphavit?". Hier wie auch in dem Ausdruck „saluti publicae dicata virginitas"[4]) ist deutlich der allgemeine Glaube ausgesprochen, daß das Wohlergehen des römischen Staates auf das sittenstrenge, enthaltsame Leben der Vestapriesterin zurückzuführen sei[5]).

Andererseits tritt aber bei einer Verletzung des Gebotes die persönliche Schuld der sündigen Priesterin vollkommen in den Hintergrund. In scharfsinniger Interpretation der Quellen hat Wissowa herausgestellt, daß die Strafe des Lebendigbegrabenwerdens für den Vestalinnenfrevel diesen als Prodigium erweise, die Einmauerung der Vestalin also nicht eigentlich eine Strafe, sondern einen Sühneakt darstelle[6]). Nach römischer Anschauung zeigt ein Prodigium nicht so sehr bevorstehendes Unheil an, vielmehr weist es darauf hin, daß die Gemeinde den Zorn der Gottheit auf sich geladen und diesen jetzt zu besänftigen hat. Manchmal nun offenbart der Gott seinen

---

1) Festus p. 344 b, 29, 6 (Lindsay p. 475, 12).

2) Dionys. II 67; Livius XXVIII 11.

3) Epist. IV 11, 7 (Nock S. 254).

4) Symmachus, Relatio III 11, 14.

5) Vgl. auch Fehrle, Die kultische Keuschheit im Altertum (1910).

6) G. Wissowa, Der Vestalinnenfrevel, Archiv für Religionswiss. 22 (1923/24) S. 201 ff.

Groll gegen das schuldige römische Volk durch das Ungeheuerliche, daß eine Priesterin, die von ihm als Vertreterin der Gemeinde ausersehene Vestalin, ihre Reinheit preisgibt[1]). Auch in dieser Auffassung des Vestalinnenfrevels als eines Prodigiums[2]) liegt nach meiner Meinung ein Ausdruck ihrer Vorzugsstellung. Die Nachrichten über das Verfehlen einer Vestalin gegen das Gebot der Keuschheit sind außerordentlich zahlreich[3]). Die römischen Götter haben demnach oft ihren Zorn durch den Fall der Vestalin kundgegeben. Da dies jedesmal die Priesterin mit dem Tode büßen mußte, möchte die Stelluug der Vestalin nicht mehr als ein Vorzug erscheinen, als der er doch nachweislich galt. Denn noch Tiberius hat ein Mädchen, das beim Losen um das Priesteramt nicht zum Zug gekommen war, durch das Geschenk einer reichen Mitgift entschädigt[4]). Es muß aber ein anderer Standpunkt geltend gemacht werden. Die Verletzung der ehelichen Keuschheit lud, wenigstens in älterer Zeit, Schande und Schmach auf die Ehebrecherin und ihr Gatte konnte sie ungestraft töten. Die Verfehlung der Vestalin dagegen wurde als ein Racheakt Gottes, die Vestalin als sein bedauernswertes Opfer angesehen. In dieser Anschauung hob der religiöse Sinn des Römers mit seiner Ehrfurcht vor gottgeweihten Dingen auch die der Gottheit heilige Frau empor über die Gesamtheit aller Römerinnen, überhaupt aller römischen Bürger.

Drei wesentliche Dinge sind es somit vor allem, welche die Vorzugsstellung der Vestalin ausmachen: ihre göttliche Berufung zur Vertreterin der römischen Gemeinde, die Bedeutung ihrer Pflichterfüllung und ihres persönlichen Verhaltens für die Wohlfahrt des Staates und ihre Lossprechung von Schuld, die Auffassung von der übernatürlichen Ursache ihrer schwersten Verfehlung.

Diese Rolle der Römerin im Kult erscheint gegenüber der vaterrechtlichen Ordnung des römischen Staates, der grundsätzlichen Ausschaltung der Frau von jeder rechtlichen Bedeutung für den Staat

---

1) Dieses Prodigium wird wie jedes gesühnt durch die Beseitigung aller seiner Spuren. Da man eine geheiligte Person wie die Vestalin nicht töten kann, entfernt man sie durch Lebendbegraben.

2) Sie ist ausdrücklich bezeugt bei Livius XXII 57, 2: cum ceteris prodigiis tum quod duae Vestales ... stupri compertae ...

3) S. die Zusammenstellung bei Klose, Römische Priesterfasten, Diss. Breslau 1910.

4) Tac. Ann. II 86.

ebenso überraschend wie ihre hervorragende Stellung in der Sage. Sie ist jedoch weit bedeutungsvoller als jene, da sie sich durchaus in geschichtlicher Zeit abspielt. Fast seit dem Beginn der Königszeit, durch das halbe Jahrtausend der Republik hindurch bis ins vierte Jahrhundert der Kaiserzeit[1]) hielt sich die Einrichtung des Vestalinnenpriestertums. Sie wurde, wenn nicht Anlaß, so doch Vorbild für die Entwicklung der späteren Stellung der Römerin im allgemeinen[2]). Wirksam erwies sich dabei weniger die kultische Stellung an sich als die zahlreichen äußeren Ehrungen und Vorrechte der Vestalin, die nur eine dem Ansehen der Priesterin notwendig entsprechende Folge waren. Den Vestalinnen war es im Gegensatz zu den übrigen Frauen gestattet, sich in der Sänfte tragen oder im Wagen durch die Stadt fahren zu lassen. Im Theater nahmen sie Ehrenplätze ein. Der Schutz ihrer Person war so groß, daß schon auf Beleidigung der Virgo Vestalis die Todesstrafe stand. Ihr Zeugnis vor Gericht bedurfte nicht des üblichen Schwures[3]). Dazu waren sie im Besitz bedeutender Privilegien. Frei von der väterlichen Gewalt standen sie nur unter dem Aufsichtsrecht des Pontifex; die Freiheit von der Vormundschaft gab ihnen volle juristische Handlungsfähigkeit gleich den Männern[4]). Sie konnten daher über ihr Vermögen frei verfügen, hatten auch das Recht, ein Testament zu machen, Vorrechte, die sich nach und nach auch auf die übrigen Frauen erstreckten. Ein besonderes Ehrenrecht gestattete für die Vestalinnen das Begräbnis auf dem Forum, während sonst niemand innerhalb der Stadt beerdigt werden durfte[5]). Die Begleitung durch den Lictor, ein Recht, das ihnen nach Cassius Dio erst seit dem Jahr 42 v. Chr., nach Plutarch aber schon seit Numa zustand[6]), erwies sich ebenso wie das Trag- und Fahrrecht und der Ehrenplatz im Theater als Vorbild für die Ehren der Kaiserin[7]).

Im Zusammenhang mit der in dieser Untersuchung gestellten Aufgabe ist es ferner von besonderem Interesse zu sehen, daß die Vestalinnen des öfteren auch auf politische Vorgänge einwirkten.

1) S. o. S. 13 Anm. 1.

2) S. u. S. 21, 29.

3) Belege bei Marquardt, Röm. Staatsverw. III, 327.

4) Mommsen, R. Staatsrecht II 54, Anm. 2.

5) Cic. de leg. II 23, 58: hominem mortuum in urbe ne sepelito neve urito.

6) Cass. Dio XLVII 19, 4; dagegen Plut. Numa 10.

7) Kübler, R.-E. XIII, 515 und F. Sandels, Die Stellung der kaiserlichen Frauen im julisch-claudischen Hause, Diss. Giessen 1902, S. 25 und 27.

Die religiöse Geltung der Priesterin, ihre allen sichtbare außerordentliche Ehrenstellung und die große Bevorrechtung schufen ihr ein von anderen Römerinnen kaum erreichtes Ansehen und machten sie zu einer ungemein einflußreichen Persönlichkeit. In allen Lagen des privaten und rechtlichen Lebens, wo der Einsatz eines machtvollen persönlichen Ansehens ausschlaggebend wirkt, konnte vor allen die Vestalin ihren Einfluß zur Geltung bringen. Wenn nach römischer Anschauung dem Gebet der Vestapriesterin eine übermenschliche Kraft innewohnte[1]), so mußte das Amt der Priesterin auch ihrer Fürbitte unter Menschen außerordentliche Macht verleihen. Ihre Vermittlung wurde berücksichtigt[2]), ihre Empfehlung fand Gehör, die Heiligkeit ihrer Person bot allen, die in ihrer Nähe waren, Schutz[3]) vor bedrohendem Angriff und sicherte ihnen ungestörte Durchführung ihrer Handlungen. Die wenigen Fälle, die beglaubigte Nachrichten über ein Einschreiten der Vestapriesterinnen darstellen, lassen diese Motive als die Grundzüge ihrer Wirksamkeit erkennen.

Als im Jahre 143 ein Volkstribun den Konsul Appius Claudius Pulcher an der Feier seines Triumphes über das Alpenvolk der Salasser hindern wollte, bestieg seine Tochter, die Vestalin Claudia, den Triumphwagen und ermöglichte durch ihre Begleitung die Abhaltung des Triumphes[4]). Ein anderes äußerst selbständiges Vorgehen einer Vestalin ist uns aus dem Jahre 123 bekannt, wo Licinia einen Tempel einweihte, ohne, wie es die Vorschrift verlangte, das Volk um Erlaubnis gefragt zu haben[5]). Die Macht der Fürsprache einer Vestalin wird sichtbar während der sullanischen Verfolgungen, wo Sulla, gekränkt und gereizt durch den Widerstand Caesars — er hatte seine Frau, die Tochter Cinnas, entlassen sollen — diesen durch ganz Italien hetzte und erst von seiner Verfolgung abließ als eine der Vestalinnen für ihn um Schonung bat (83 v. Chr.)[6]). Die Fürbitte der Vestalin Fonteia für ihren der

---

1) Wissowa, Rel. u. Kult. der Römer² S. 160.

2) Beispiele: Sueton Vitell. 16; Tac. Hist. III 81 (nach Marquardt a. a. O. S. 341).

3) Der Verbrecher wurde noch auf dem Todesweg durch das Begegnen einer Vestalin gerettet: Plut Numa 10.

4) Val. Max. V 4, 6; Cic. pro Caelio 14, 34; Sueton. Tib. 2 (Klose a. a. O. S. 37)

5) Cic. de domo 53, 136; Brutus 43, 160; Liv. per. 63.

6) Suet. Div. Jul. 1, 2 ff.; Dio XLIII 43, 4.

Erpressung angeklagten Bruder (69 v. Chr.) erwähnt Cicero[1]). Aus einer anderen Cicero-Stelle ersehen wir, wie selbst die äußerlichen Ehrenrechte der Vestalin in den Dienst der Politik gestellt wurden. Im Jahre 63 hat die Vestalin Licinia ihren Theaterplatz einem Verwandten, L. Licinus Murena, überlassen, damit dieser ihn seinen Bekannten zur Verfügung stellen und sich dadurch deren Gunst und Stimme bei den Konsulwahlen verschaffen könnte[2]). Auch in der Politik Ciceros erkennen wir die Mitwirkung einer Vestalin. Das Wunderzeichen nämlich, das beim Fest der Bona Dea in seinem Hause (3./4. Dez. 63) ihn zum Vorgehen gegen die Catilinarier ermutigte, das Wiederaufflammen des erloschenen Feuers[3]), war im Einverständnis und mit der Hilfe einer Vestalin, der Schwester seiner Frau Terentia, in Szene gesetzt worden[4]). Terentia selbst fand, als im Jahre 58 Cicero der Macht seiner politischen Gegner weichen mußte, Schutz im Tempel der Vesta, wo wahrscheinlich ihre Schwester noch Priesterin war[5]).

Dies sind die wenigen bekannten Fälle eines in Verbindung mit politischen Ereignissen erfolgten Eingreifens von Vestapriesterinnen. Dazu kommt jedoch ein weiterer Umstand. Ein Blick auf die Namenliste[6]) der uns aus dem republikanischen Rom bekannten Vestalinnen lehrt, daß sie durchweg den politisch bedeutenden patrizischen und plebejischen Geschlechtern entstammten[7]). Der Eintritt ins Priesteramt unterbrach wohl alle rechtlichen Beziehungen zur angestammten Familie, aber die Bande des Blutes und der Pietät bestanden unvermindert fort und übten ihre Wirkung nach wie vor aus. Wir gehen sicher nicht zu weit, wenn wir in den politischen Beziehungen und Verhandlungen zwischen den einzelnen Familien und Familienverbänden auch dem Einfluß der Vestalin eine wichtige Rolle einräumen. In mehreren von den

1) Cicero pro Fonteio 21, 48: tendit ad vos Virgo Vestalis manus supplices; ... prece Virginis Vestalis.

2) Cicero pro Murena 35, 73; Plut. Crassus 1; Macrob. sat. III 13, 11.

3) Plutarch, Cicero 29, 1; Dio XXXVII 35, 4.

4) Drumann-Groebe, Gesch. Roms 2. Aufl. V 516.

5) Cic. Epist. XIV, 2, 6.

6) Klose a. a. O. S. 35.

7) Die historisch überlieferten Namen sind: Postumia, Minucia, Sextilia, Tuccia (?), Opimia, Floronia, Claudia, Aemilia, Licinia, Marcia, Fabia, Fonteia, Popilia, Perpennia, Licinia, Arruntia, Occia, Aemilia, Claudia (nach Klose a. a. O. S. 35 ff.).

obengenannten Fällen verwendete eine Vestalin ihren Einfluß im Dienst ihrer Familie; sie machte ihn wirksam für den Verwandten, den Vater, den Bruder. Es waren zugleich Vorgänge, die sich in der Öffentlichkeit abspielten oder durch ihre Wirkung öffentlich bekannt werden mußten. Die Hauptwirksamkeit der Vestalin aber entzieht sich den Augen der Öffentlichkeit und auch unserer Kenntnis. Wenn, wie Münzer ausführt[1]), der Römer sich nicht gerne in seine arcana imperii blicken ließ, so wird er doppelt zurückhaltend und schweigsam gewesen sein über die Tätigkeit und den Einfluß solcher Helfer, deren Beruf schon größte Rücksichtnahme erforderte. Wir dürfen sicherlich eine weitverbreitete Mitwirkung der Vestalinnen bei diplomatischen und politischen Vorgängen annehmen, jedenfalls in weitaus zahlreicheren Fällen, als sie uns bekannt geworden sind.

## 4. Privatrechtliche und soziale Stellung der Frau in Rom.

Die Grundlage des politischen Einflusses der Vestalin bot, allgemein ausgedrückt, ihre persönlich gehobene Stellung. Diese Erkenntnis ist von großer Bedeutung. Denn wenn auch sonst keine Römerin der republikanischen Zeit das überragende, religiös begründete Ansehen einer Vestalin erreichte, so erfuhr doch die persönliche Geltung der Frau in Rom mit der Zeit einen mächtigen Aufschwung und in rechtlicher Hinsicht war die Römerin im letzten Jahrhundert der Republik der Priesterin der Vesta vollkommen gleichgestellt. Das Beispiel der Vestalin legt den Gedanken nahe, auch in den sozialen und rechtlichen Lebensbedingungen der Römerin im allgemeinen etwaige Voraussetzungen für ihre politische Rolle zu suchen, zumal da bei dem vollständigen Fehlen staatsrechtlicher Anerkennung die politische Rolle der Römerin zunächst als rein persönliche Einflußnahme der Frau auf die führenden Männer sich erweist.

In der Tat enthalten die sozialen und rechtlichen Verhältnisse des römischen Staates namentlich im letzten Jahrhundert der Republik zahlreiche Momente, die für die allmähliche Entfaltung einer politischen Betätigung der Frau günstig und von grundlegender Bedeutung erscheinen.

Auf den bedeutsamen Unterschied der Entwicklung in Griechenland und Rom wurde schon hingewiesen. Er tritt am auffälligsten

---

1) Fr. Münzer, Römische Adelsparteien und Adelsfamilien, Stuttgart 1920, S. 113 und 317.

in der allmählichen Umwandlung der Stellung der Frau im römischen Privatrecht zutage. Die Gründe für diese Erscheinung sind sicher verschiedener Art. Von ausschlaggebender Bedeutung war wohl vor allem eine in Griechenland unbekannte hohe persönliche Wertung der Frau. Man hat diese Erscheinung einmal mit dem durchaus männlichen Wesen des Römers erklären wollen, in welchem die jedem Geschlechte eigenen weiblichen Züge vollkommen unentwickelt waren, so daß sie nur in der Frau gesehen wurden und diese daher in ihrer Eigenart und Bedeutung besser erkannt und geschätzt wurde als von dem Griechen, in dessen geistiger Struktur auch die weibliche Psyche zu stärkerer Ausbildung gekommen war [1]). Den Schlüssel zu einer ähnlichen psychologischen Erklärung bietet die sicher echt römische Anschauung, die, eine Abwandlung des „parcere subiectis", bei Livius in einer Rede zugunsten der Frauen Ausdruck gefunden hat, wo ein Tribun den Männern zuruft: „Je größer eure Macht ist, desto milder müßt ihr eure Herrschaft ausüben" [2]). Diese geistige Haltung des Römers als des Machtmenschen, wie Heinze ihn mit Übertragung der von Spranger [3]) für den Einzelmenschen aufgestellten Charakterformen charakterisiert [4]), ist auf politischem Gebiet oftmals wahrzunehmen und wird zweifellos auch im Privatleben sich ausgewirkt haben. Daneben ist wohl auch in den Formen des aristokratischen Regimentes, namentlich in den politischen Heiratsspekulationen des römischen Adels, ein Grund für die hohe Wertschätzung der Frau bei den Römern zu sehen. Wie ausführlicher später gezeigt werden soll, war nämlich die Verheiratung der Römerin aus vornehmem Hause eine fast durchaus politische Angelegenheit, die der Familie des Mädchens und ihres Gatten möglichst große Vorteile im politischen Leben bringen sollte. Diese wichtige politische Rolle der Römerin war jedoch nicht der ursprüngliche Grund für ihre gesteigerte Hoch-

---

1) H. Weinstock, Antike Bildungsideale (Berlin 1925) S. 35: „Der Römer hat gewiß die Frau und ihre Bedeutung ernster eingeschätzt als der Grieche. Aber nur deswegen, weil er selbst in seiner Männlichkeit aller weiblichen Züge bar war, während die griechische Genialität auf einer starken Mischung des Männlichen mit dem Ewig-Weiblichen beruht."

2) Livius XXXIV 7, 15.

3) Ed. Spranger, Lebensformen. Geisteswissenschaftliche Psychologie und Ethik der Persönlichkeit (1922) 109 ff., 188 ff.

4) R. Heinze, Von den Ursachen der Größe Roms (Rektoratsrede Leipzig 1921, 2. Aufl. 1925) S. 22 ff.

achtung; dieser ist vielmehr zunächst in dem ganz ausgeprägten Familiensinn der Römer zu suchen, dessen letzte Auswirkung erst die politische Bedeutung der Eheschließung und Familiengründung war. Das Zusammengehörigkeitsgefühl der Glieder einer römischen Familie war so stark, daß sich daraus die Forderung nach Aufrechterhaltung eines ununterbrochenen Zusammenhangs aller Nachkommen eines gemeinsamen Ahns und nach rechtlichem und kultischem Zusammenschluß aller Mitglieder eines Geschlechts ergab, eine Forderung, die in der Einrichtung der römischen Gens verwirklicht ist. Dieses blutsmäßige Denken und diese Betonung von Familie und Geschlechtsverband ist ohne Wertschätzung der Frau, der Hüterin des Geschlechts, gar nicht denkbar. Dazu kommt ein überaus stark ausgeprägtes Standesbewußtsein innerhalb der einzelnen Schichten Roms, das seinen kennzeichnenden Ausdruck in dem Verbot der Eheschließung zwischen Patriziern und Plebejern findet[1]. Mit dieser politischen Wertung der Eheschließung war die Bedeutung der einzelnen Frau namentlich in den Kreisen des Adels noch mächtig gesteigert. Eine achtungsvolle Behandlung dieses so ausschlaggebenden Familienmitgliedes war die natürliche Folge. Zieht man überdies die im Charakter des Römers als des männlichen Mannes oder des Machtmenschen begründete Einstellung der Frau gegenüber in Betracht, so wird man annehmen dürfen, daß sich die bei Livius geforderte Milde und Großzügigkeit gegen die Untergebenen zunächst im privaten Verkehr mit ihnen äußerte, was also die Stellung der Frau betrifft in der Überlassung möglichster Freiheit und Selbständigkeit im häuslichen Kreise, in Familie und Haushaltführung. Der so gefestigten persönlichen Stellung und dem dadurch wachsenden persönlichen Ansehen der Frau entsprach es, daß man mit der Zeit auch in rechtlichen Dingen Entgegenkommen erwies, zumal die schroffen Gegensätze des römischen Privatrechtes an sich schon die Tendenz zum Ausgleich im Keime enthielten.

Außerdem war das Vorbild der Privilegien der Vestalin von größtem Einfluß auf die Entwicklung der privatrechtlichen Stellung der Frau. Viele rechtliche Vorteile, welche die Vestalin als solche von vornherein besessen hatte, wurden im Laufe der Zeit allen Frauen zuteil. Dieser Vorgang beruht jedoch nicht auf einer bloßen Verallgemeinerung der rechtlichen Begünstigungen der Vestalinnen,

---

1) S. unten S. 54.

wie sie etwa eine mit der fortschreitenden Aufklärung eingetretene Geringschätzung des Priesterinnenamtes mit sich gebracht haben könnte. Denn das Amt der Vestalin stand bis in die späteste Zeit in höchstem Ansehen. Die Ausdehnung der Vorrechte der Priesterinnen auf alle römischen Frauen ist vielmehr innerlich begründet durch die sakrale Funktion, welche, wie die Vestalinnen im staatlichen Kult, die Frauen im allgemeinen im häuslichen Familienkult ausüben. Diese sakrale Tätigkeit innerhalb der Familie obliegt nun aber nicht so sehr der Hausfrau als der Haustocher. Nur zwei kultische Handlungen sind bekannt, die von der Hausfrau als solcher ausgeübt werden [1]). Einmal handelt es sich um ein Opfer im Hause, das die Neuvermählte am Tag nach der Hochzeit darbringt. Jedoch die zahlreiche Erwähnung dieses Opfers [2]) scheint gerade seine Besonderheit und Einmaligkeit zu betonen. Der zweite Fall ist das Opfer der Hausfrauen an die Vesta, also der matres familiae an die Vesta mater, und zwar einmal im Jahr am Staatsfest der Göttin am 9. Juni. Dagegen scheinen Frauen, solange sie sich in einem töchterlichen Verhältnis befinden und daneben Dienerinnen regelmäßige hausgottesdienstliche Handlungen zu verrichten. Die vilica, die Dienerin, bekränzt den Herd an Festtagen [3]); sie opfert dem Hauslar an den Kalenden [4]). In der Legende betreuen die Haustöchter und Dienerinnen das Herdfeuer [5]). Wir hören von dem täglichen Opfer der Haustochter an den Hauslar [6]). Eine gewisse sakrale Funktion der Haustochter erscheint somit genügend gesichert. Nachdem nun aber die töchterliche Funktion der Vestalinnen erwiesen ist [7]), ist die Parallele der filiae familias zu den virgines Vestales, den Töchtern der Gemeinde, offensichtlich. Und diese innere Beziehung bot die Handhabe für eine allmähliche Übertragung der Privilegien der Priesterinnen auf die Frauen im allgemeinen. Einen Beweis dafür bietet wohl der Umstand, daß die mit der Zeit eintretenden gebesserten Rechtsverhältnisse in vielen Fällen gerade der unver-

1) Bei Wissowa, Karlowa (Röm. Rechtsgesch. II, 165) und Marquardt (Privatleben S. 58) unbewiesene Behauptung, daß die Frau als Priesterin im Hause fungiere.

2) Macrob. I 5, 22; Hor. II 2, 66. Fest. 281 a 3 u. a.

3) Cato de agr. 143.

4) Prop. IV 3, 53; Tib. I 3, 34.

5) Euing a. a. O. S. 37 f.

6) Plaut. Aul. 23 f.

7) S. oben S. 9 und Anm. 45.

heirateten Frau, also der in töchterlicher Abhängigkeit vom Vater oder von der Gens, den Agnaten, befindlichen zugute kamen[1]).

Weitere Förderung erfuhr die Entwicklung der privatrechtlichen Stellung der Frau durch die im Laufe der Zeit stattfindende Übertragung des ius gentium auf das römische Privatrecht, ein Vorgang, der sich besonders in der Ausgestaltung des Eherechtes bemerkbar machte[2]). Praktische Bedürfnisse, Forderung nach größerer Einfachheit und Bequemlichkeit erwiesen sich wie auf dem Gebiet des Handels so auch im privaten Rechtsverkehr von großer Wirksamkeit. Philosophische Lehren von der Gleichheit aller Menschen begünstigten schließlich die Entwicklung durch die nachträgliche theoretische Begründung der privatrechtlichen Gleichstellung von Mann und Frau. Es würde jedoch zu weit führen, die Ursachen, welche die Wandlungen der privatrechtlichen Stellung der Frau in Rom hervorgerufen haben könnten, hier näher zu erörtern. Es soll genügen, die Entwicklung der rechtlichen Verhältnisse kurz darzulegen und in ihren Erscheinungsformen, die oft gerade erst im 2. und 1. Jahrhundert v. Chr. ihre letzte entscheidende Ausbildung erfahren haben, etwaige fördernde und grundlegende Elemente für die allmähliche Entfaltung einer politischen Betätigung der Frau in Rom aufzuweisen.

Das römische Privatrecht erstreckt sich, soweit es die Frau betrifft, ausschließlich auf ihre Stellung innerhalb des Familienverbandes. Denn hier lag der einzige[3]) berufliche Wirkungskreis, welcher der Römerin zustand, der Beruf als Tochter oder als Gattin. Die Stellung der Frau in der Familie ist bedingt durch die rein vaterrechtliche Ordnung des römischen Lebens. Der deutlichste Ausdruck dieses Prinzips war die Unterordnung unter die patria potestas. Ihr ist das Kind unterworfen von dem Augenblick an, wo der Vater durch die zeremonielle Geste des „tollere liberum“ es als das seine anerkannt hat. Aber während mit dem Tode des Vaters der mündige Sohn frei und selbst pater familias wird, besteht für die Tochter,

---

1) Vgl. unten S. 23 ff.: Emanzipation, Coemptio fiduciaria, Selbständigkeit bei Verlobung und Eheschließung u. a.

2) Voigt, Römische Rechtsgeschichte I (1892) 160.

3) Blümner, Technologie und Terminologie der Gewerbe und Künste bei den Griechen und Römern (Leipzig 1875—1887) führt eine Reihe von Frauenberufen an (z. B. Händlerin, Kranzbinderin, Weberin, Flickerin usw.), die aber nur von Frauen niederen Standes oder von Freigelassenen ausgeübt wurden.

auch wenn sie mündig ist, eine übergeordnete Gewalt weiter[1]) in Form der patria potestas des nunmehrigen Familienoberhauptes (z. B. ihres ältesten Bruders oder des nächsten agnatischen Verwandten oder in der Vormundschaft eines vom Vater oder Prätor bestellten Tutors). Jedoch gibt es mit der Zeit auch für die Tochter eine Möglichkeit zur Befreiung von der patria potestas, die herbeizuführen allerdings von dem Willen des Vaters abhängt[2]). Es ist dies der rechtliche Weg der emancipatio[3]), durch den die Tochter sui iuris[4]) wird. Während nun aber zur Emanzipation eines Sohnes dreimalige Wiederholung des Vorganges nötig war, genügte für die Tochter ihn einmal in Szene zu setzen[5]). Ihering erblickt in dieser unterschiedlichen Behandlung eine Begünstigung des weiblichen Geschlechtes[6]), da man eine Tochter nur einmal zum Dienen vermieten konnte, ohne sie zu verlieren, während sie Puchta zufolge als Benachteiligung anzusehen wäre[7]), indem man die Tochter leichter des gesetzlichen Erbrechts berauben konnte[8]). Im Zwölftafelgesetz war das Freiwerden als Strafe[9]) für den Vater gedacht, der seine Kinder zwecks Gelderwerbs vermietete. Für die Zeit der ausgehenden Republik jedoch wird das Vermieten der Kinder kaum mehr in Gebrauch gewesen sein. So bedeutete also die leichter ermöglichte Emanzipation (und daher mühelosere Enterbung) eine Benachteiligung des weiblichen Geschlechts. Hingegen als Begünstigung erscheint ebenderselbe Umstand durch die weiteren Folgen der emancipatio (z. B. selbständige Vermögensverwaltung, größere Freiheit bei der Eheschließung) und schon die Tatsache allein, daß

---

1) Zagelmeier, Die rechtliche Stellung der Frau im römischen Familienrecht (Diss. Erlangen 1928) S. 50.

2) Sohm, Institutionen des römischen Rechts (4. Auflage Leipzig 1889) S. 367.

3) Diese besteht darin, daß der Vater die Tochter einem Freunde manzipiert, d. h. in die Knechtschaft verkauft, dieser sie dem Vater remanzipiert und der Vater sie dann manumittiert, also freiläßt in der gleichen Form wie einen Sklaven. Vgl. Puchta, Institutionen des römischen Rechts II 399.

4) Puchta II 390; Sohm S. 367; H. S. Roby, Roman Private Law in the times of Cicero and of the Antonines (Cambridge 1902), I 137 a.

5) Roby S. 77.

6) Ihering, Entwicklungsgeschichte des römischen Rechts (Leipzig 1894) S. 58.

7) Puchta a. a. O. II 384.

8) Durch Befreiung von der patria potestas gehörte sie nicht mehr zu den erbberechtigten Agnaten des Vaters.

9) Sohm (S. 363) schließt das aus der Formel: sie pater filium ter venum duit filius a patre liber esto.

auch die Vestalin sui iuris ist, zeugt dafür, daß die Erleichterung der emancipatio für die Frau rechtlich und praktisch ihre Begünstigung darstellt[1]). Für zahlreiche Frauen aus der Zeit des 1. Jahrhunderts v. Chr. läßt sich namentlich aus ihren Vermögensverhältnissen erschließen, daß sie die durch Emanzipation bedingte persönliche Freiheit von der patria potestas besessen haben. Der Umstand, daß es zugleich Frauen sind, die im Zusammenhang mit politischen Ereignissen genannt werden, gestattet, in der zu dieser Zeit persönlich freien Stellung der Römerin eine der Voraussetzungen für ihre politische Rolle zu erblicken.

Die Abhängigkeit besonders der Tochter von der patria potestas machte sich vor allem beim Verlassen des väterlichen Hauses durch Eingehen einer Ehe bemerkbar. Denn die Verlobung, die gewöhnlich[2]) der Eheschließung vorausging, wurde nicht von Braut und Bräutigam, sondern von ihren Vätern (bzw. Tutoren) oder vom Vater der Braut und dem Bewerber selbst abgeschlossen[3]). Die Zustimmung der Tochter war erforderlich. Ein Recht zur Weigerung hatte sie jedoch nur, wenn der vom Vater bestimmte Bräutigam ein Mann von unwürdigem Charakter oder schlechtem Rufe war. Aus einer eingegangenen Verlobung entstand keinerlei Zwang zur Vollziehung der Ehe[4]). Ein Bruch des Verlöbnisses war nicht klagbar[5]) und konnte einseitig herbeigeführt werden. Der Vater hatte sogar das Recht, selbständig das Verlöbnis seiner Tochter in potestate aufzulösen[6]).

Die Darlegung dieser rechtlichen Verhältnisse einer Verlobung ist insofern auch in unserem Zusammenhang von Wichtigkeit, als der Abschluß einer Verlobung ein geradezu traditionelles Hilfsmittel der römischen Geschlechter- und Adelspolitik darstellt. Die Vollziehung einer Vermählung war in Rom meist ein äußerst wichtiger Faktor zur Wahrung grundsätzlicher familien- und parteipolitischer Interessen. Jedoch wenn es sich darum handelte, eine mehr im Augenblick

1) Roby S. 79: Virgo Vestalis simul est capta ... e patris potestate exit et ius testamenti faciendi apiscitur (Gellius I 12, 9).

2) Roby S. 132.

3) Puchta II 400; Roby S. 133.

4) Marquardt S. 39; Puchta II 401.

5) Sohm S. 340. Später verlor der an der Auflösung schuldige Teil eine bei dem Abschluß hinterlegte Stipulationssumme, die arrha sponsalicia (Puchta 401).

6) Roby S. 133.

gültige Gesinnung an den Tag zu legen und durch Verlobung der eigenen Kinder gegenseitig zu verbürgen, dann schritten im letzten Jahrhundert der Republik häufig die Staatsmänner zum Abschluß einer Verlobung, deren letzte Folgerung einer Eheschließung sie nicht ohne weiteres zu ziehen gedachten. Hatte die politische Lage sich verändert, so löste man die Verlobung wieder auf, was um so leichter geschehen konnte, als keine gesetzlichen Schwierigkeiten hinderlich waren oder lästige rechtliche Folgen eintraten. So löste Caesar, um nur ein Beispiel anzuführen, das Verlöbnis seiner Tochter mit Caepio, den er im Kampf gegen Bibulus verwendet und an sich gefesselt hatte, in dem Augenblick, als ihm eine Verbindung mit Pompeius notwendig erschien [1]).

Wie bei der Verlobung war natürlich auch bei der Eheschließung die Wirkung der patria potestas von ausschlaggebender Bedeutung. Bis in die Zeit Ciceros war zur Vollziehung eines matrimonium legitimum neben der Zustimmung der Ehegatten die Einwilligung der Gewalthaber unerläßlich, ja anfänglich genügte sie allein [2]). Auch durch den Eintritt in die Ehe erlangte die Frau nicht rechtiche Selbständigkeit. Die eine Form der Ehe, das matrimonium cum in manu conventione, brachte nur den Übergang von der patria potestas in ein anderes Gewaltverhältnis. Die Frau gelangte dadurch in die manus, d. h. in die eheherrliche Gewalt des Gatten oder in die patria potestas seines Vaters, Großvaters. Alle rechtlichen Beziehungen zu ihrer früheren Familie sind gelöst. Sie hat weder Erbansprüche an das Vermögen ihres Vaters, noch Anrecht auf Opfer- und Kultgemeinschaft in ihrer Gens. Sie gilt jetzt filiae loco in der Familie ihres Mannes [3]). Sie ist, rein juristisch gesehen, in demselben Maße der patria potestas ihres Mannes unterworfen wie etwa ihre Tochter. In der sog. freien Ehe, dem matrimonium sine in manu conventione, verblieb die Frau rechtlich unter ihrem bisherigen Gewalthaber. Sie war dann weiterhin erbberechtigt in ihrer Familie, auch ihr Vermögen wurde ihr erhalten [4]). Beide Formen, Manus-Ehe und freie Ehe, die schon frühe als iustum

1) Sueton Iulius 21.

2) Weitere Bedingungen siehe Roby S. 128: connubium, pubertas (Frau 12, Mann 14 Jahre), consensus.

3) Zagelmeier, S. 30 und 31.

4) Der Vater konnte sogar die Tochter von dem Gatten zurückfordern (Zagelmeier S. 36).

matrimonium galt, bestanden in der Republik nebeneinander. Doch schon seit den Punischen Kriegen fand die Ehe ohne Manus weiteste Verbreitung[1]) und die Ehe mit Manus war gegen Ende der Republik eine große Seltenheit[2]). Die praktische Auswirkung dieser Ehe bestand namentlich in der Selbständigkeit der Frau in finanzieller Beziehung. Es war eine Form der Ehe, die unter dem Einfluß des ius gentium zustandegekommen war[3]). Wenn auch dabei zweifellos der Vorteil der Familie der Frau den Ausschlag gegeben hatte, so brachte die Unabhängigkeit der Frau doch auch eine Steigerung ihres Selbstbewußtseins mit sich. Es ist wahrscheinlich nicht ganz ohne Zusammenhang, daß in der Zeit der stärksten Verbreitung der freien Ehe auch das Streben der Frau, Einfluß auf die Politik zu gewinnen, am stärksten wahrzunehmen ist.

Eine weitere Folge der freien Ehe war die Lockerung des Familienbandes und die Erleichterung der vollkommenen Auflösung einer Ehe. Ursprünglich stand es nur dem Manne zu, sich von seiner Frau zu scheiden, indem er sie verstieß[4]). Bald hatte aber auch die Frau die Möglichkeit, ihre Ehe zu lösen. Der Hergang war höchst einfach. Die Scheidung erfolgte durch räumliche Trennung des einen Ehegatten vom anderen, die aber erst dadurch ehewidrigen Charakter erhielt, daß der sich scheidende Gatte dem anderen sein repudium schickte, d. h. eine Erklärung, daß er mit seiner Trennung eine Scheidung beabsichtige[5]). Zur Scheidung genügte der einseitige Wille, consensus wie bei der Eheschließung war nicht nötig[6]). Die freie Ehe konnte auch durch den Vater der Frau aufgelöst werden, indem dieser seine Tochter in potestate auch gegen ihren Willen von ihrem Manne zurückverlangen konnte[7]). Aber andererseits bedurfte die Tochter zur Scheidung nicht der Zustimmung des Vaters

---

1) Marquardt, Römische Privataltertümer (Leipzig 1864) I 62.

2) Zagelmeier S. 26: Die manus verschwindet erst im dritten Jahrhundert der Kaiserzeit. Dagegen Marquardt S. 67: Ehen ohne manus sind in der Kaiserzeit allein in Übung geblieben.

3) Voigt a. a. O., I 160.

4) Leffingwell, Social and private life in the time of Plautus and Terence (Columbia University Studies 81, 1, New York 1919) S. 50.

5) Levy, Hergang der römischen Ehescheidung (Weimar 1925) S. 84.

6) Roby S. 134.

7) Zagelmeier S. 36 und 44; Levy S. 17; im späteren Rechte verboten bei einem bene concordans matrimonium, vgl. Ihering, Geist des römischen Rechts (1921) II 180 Anm. 189.

und die uxor sui iuris konnte die des Tutors entbehren[1]. Es war nicht nötig, zur Begründung schwerwiegende Beschuldigungen vorzubringen. Die Frau konnte also ebenso wie der Mann ganz selbständig, ja willkürlich ihre Ehegemeinschaft zur Auflösung bringen. An dieser verderblichen Entwicklung und dem daraus folgenden sittlichen Verfall der Ehe tragen nicht zuletzt die politischen Verhältnisse Roms die Schuld. Nicht nur, daß sich der Staat jeden Eingriffs in den Verlauf der Ehescheidung enthielt[2], sondern in den führenden politischen Kreisen hatte sicher diese Entwicklung des Eherechtes sogar Unterstützung erfahren, da die Leichtigkeit der Ehescheidung für den gewissenlosen Frauenhandel bei politischen Ehebündnissen namentlich im letzten Jahrhundert der Republik nur günstig war. Andererseits wurden etwaige Bedenken gegen die rein politisch motivierte Trennung einer Ehe durch die Leichtigkeit und damit scheinbare Harmlosigkeit eines solchen Schrittes schnell zerstreut, so daß allmählich jedes Gefühl für die Unmoral derartiger Politik erstarb. Gegen Ende der Republik mußte jede Römerin aus vornehmer Familie, die eine Ehe einging, damit rechnen, bei einer Änderung der politischen Lage entlassen oder von ihrer Familie zu einer Scheidung gezwungen zu werden. Infolgedessen strebte die Frau noch stärker nach Unabhängigkeit, suchte schließlich auch Einfluß auf die Politik zu gewinnen, sei es um die voraussichtlich nur vorübergehende Stellung für sich oder die Interessen ihrer Familie auszunützen, sei es um durch die Erhaltung der günstigen politischen Lage die Fortdauer ihrer Ehe zu sichern.

Was das Recht der Römerin noch an Beschränkungen auferlegte, wurde vollends beseitigt durch die in der Zeit Ciceros aufgekommene Einrichtung der Coemptio fiduciaria[3]. Durch diese juristische Erfindung hatte die Frau in der Tat rechtliche Selbständigkeit erlangt. Vor allem angewendet wurde die Coemptio fiduciaria zum Zwecke der Befreiung von der Geschlechtsvormundschaft (tutelae evitandae causa). Durch Tod oder capitis deminutio des Vaters oder auch des Gatten kam die Frau, Tochter oder Witwe unter die Vormund-

---

1) Levy S. 18.

2) Zagelmeier S. 48.

3) Die Coemptio war eine Form zur Begründung der Manus, durch welche die Frau aus ihrer Familie austritt. Die Scheincoemptio nun schloß die Folge der Manusbegründung aus, wohl aber bewirkte sie die Loslösung der Frau aus den Banden der Familie. Vgl. Zagelmeier S. 27.

schaft ihrer Agnaten. Diese gestattete zwar Selbstverwaltung des Vermögens, aber Geschäfte, welche die Frau abschloß, bedurften der Bestätigung durch den Tutor und zu einer Eheschließung war seine Zustimmung unentbehrlich [1]). Diese lästige Fessel war durch die Einführung der Coemptio fiduciaria gesprengt. Wie schon vorher die uxor sine manu — das waren gegen Ende der Republik nahezu alle Frauen — und die Tochter sui iuris, so hatte nun nach der Befreiung von der tutela auch die verwaiste Tochter und die Witwe das freie Verfügungsrecht über sich und ihr Hab und Gut [2]). Die bevorzugte Stellung der Vestalin, die eine Vormundschaft nicht kannte, mochte auch hier den Wunsch nach Änderung erweckt und das Vorbild für die Neuordnung gebildet haben.

Ebenfalls nach dem Vorbild der Vestapriesterin erhielt die Frau das Recht des Testierens durch die Coemptio testamenti faciendi gratia [3]). Das oft sehr beträchtliche Vermögen einer Frau fiel nun nach ihrem Tode nicht mehr selbsttätig an ihre (wenn in patria potestate oder sui iuris) oder ihres Mannes Familie (wenn in manu) [4]), sondern konnte z. B. durch Vermächtnis an entsprechende Persönlichkeiten einer politischen Bestrebung dienstbar gemacht werden. So berichtet Tacitus von Junia, der Gattin des C. Cassius (Nichte Catos und Schwester des M. Brutus): „Das Volk hatte über ihr Testament viel zu reden, denn sie war sehr reich und hatte fast den ganzen Adel ehrenvoll erwähnt“ [5]).

Die ganze Entwicklung des römischen Privatrechts läuft somit auf eine immer größere rechtliche Gleichstellung der Frau mit dem Manne hinaus, die im letzten Jahrhundert der Republik größtenteils [6]) verwirklicht wird auf Kosten der drei Mächte, die bisher über

1) Sohm S. 370. Eine Zusammenstellung aller Fälle, in denen die Frau der Zustimmung des Tutors bedarf, s. bei Roby I 101.

2) Sohm S. 370.

3) Zagelmeier S. 28.

4) Die Kinder sind der Mutter gegenüber ohne Erbrecht (Puchta II 430).

5) Tac. Ann. III 76. — Durch das Recht des Testierens hatte die Frau sogar die Möglichkeit zur Adoption (Mommsen, Historische Schriften I 399). Der erste bekannte Fall gehört in die Zeit Ciceros: Cic. ad Att. VII 83.

6) Noch bleibende Vorrechte des männlichen Geschlechtes sind: Freiheit von der Tutel ohne jeden rechtlichen Akt; „ausschließliche Befähigung zur Innehabung der patria potestas über Kinder und zur Verwaltung der Vormundschaft und in der Funktionierung als Solennitätszeuge“ (Ihering, Geist d. r. R. II 96). — „Daß die Frau von einer Gleichberechtigung mit dem Mann himmelweit entfernt war“ ist durch Krolls Argumentation (Die Kultur der Ciceronischen

die Frau geboten hatten, der patria potestas, der manus und der tutela mulierum.

Gleichzeitig mit der Befreiung der Römerin aus jener Untertanenstellung, wie sie ihr das alte, noch unvermindert in Kraft stehende strenge Recht einräumte, vollzog sich auch die Entwicklung der persönlichen Stellung zu immer größerer Selbständigkeit, um so mehr, als die persönliche Wertung der Frau schon immer im Gegensatz stand zu jener Haltung, wie sie in den fast formelhaften grundsätzlichen Aussprüchen nur allzu schroff zum Ausdruck kommt. Die Fälle, wo der Mann von seinem Tötungsrecht gegen die Frau Gebrauch machte, werden von jeher nur vereinzelt gewesen sein [1]) und entsprangen auch dann nicht etwa dem rohen Herrschergefühl, sondern einer überaus strengen sittlichen Anschauung. Gleichzeitig genoß die Frau auch den Schutz des Staats gegen Übergriffe ihrer gesetzlichen Machthaber. So wurde ein L. Annius aus dem Senate gestoßen, weil er seine Frau ohne Zuziehung des Familiengerichtes entlassen hatte [2]). Schon in der ältesten Königszeit war es nach römischer Anschauung so, daß die verständige, dem Manne in allen Dingen gehorsame Frau im Hause in gleicher Weise herrschte wie der Mann. Die Stellung der Römerin innerhalb der Familie und des Hauswesens war in der Tat außerordentlich ehrenvoll [3]) und ihr

---

Zeit II 28) nicht erwiesen. Er stützt seine Behauptung durch den Hinweis, daß vornehme Frauen nur ungern als Zeugen vor Gericht erschienen; aber dafür ließen sich auch aus unserer Zeit genügend Parallelen aufbringen. Im übrigen ist bei der Frage um die Gleichberechtigung die grundsätzliche rechtliche Lage ausschlaggebend, die in Rom den Frauen wie den Männern Erscheinen vor Gericht erlaubte, ja sogar zur Pflicht machte. Andere Beweise holt Kroll aus grauer Vorzeit, die in der Tat einen himmelweiten Unterschied zum 2. und 1. Jahrhundert v. Chr. darstellt. In dem Verbot der Beteiligung von Frauen an den Mysterien und Nachtfeiern, „da der Ruf der Frau volles Licht vertragen müsse“, kann ich keine Benachteiligung der Frau sehen, eher eine achtungsvolle Anerkennung des eigentlichen Wesens der Frau. Wenn schließlich angeführt wird, daß Horaz die Matrone von Wächtern umgeben schildert, die den Zugang zu ihr erschweren, so handelt es sich hier um einen Topos der hellenistisch-römischen Liebesdichtung, die nur insofern an die Wirklichkeit anknüpft, als dem Verliebten jede Person in der Nähe der Angebeteten als mißtrauischer Aufpasser erscheint. Von einer direkten Beaufsichtigung der Römerin kann durchaus nicht mehr die Rede sein.

1) Val. Max. VI 1, 3 und 3, 9.

2) Val. Max. II 9, 2.

3) Columella, Praef. zu Buch 12: erat enim summa reverentia cum concordia et diligentia mixta.

Ansehen in diesem Kreise wuchs noch mit der Größe der ihr anvertrauten Aufgaben. Mit dem Eintritt in die Ehe erhielt die oft noch sehr junge Frau weitreichende Selbständigkeit. Die Erziehung der Kinder und die Sorge für das Wohl ihrer Familie lag ebenso in ihren Händen, wie die Aufsicht und der Befehl über die oft sehr beträchtliche Schar der Sklaven. In allem was die Familie und besonders die Heirat der Kinder betraf, fragte man sie um Rat. Der Adel ihrer Familie und nicht zuletzt die Größe ihres Vermögens trugen dazu bei, ihr Ansehen zu steigern und ihren Einfluß zu festigen[1]). Aber die Römerin war nicht wie die Griechin auf ein rein innerhäusliches Leben beschränkt. War das Erscheinen einer vornehmen Griechin auf der Straße ein äußerst seltenes Ereignis[2]), so war die Römerin durchaus nicht von der Öffentlichkeit ausgeschlossen. Sie wurde vielmehr überall wo sie erschien mit der äußersten Achtung und Höflichkeit behandelt. Nicht nur konnte sich die Römerin auf öffentlichen Straßen und Plätzen frei bewegen[3]), sie besuchte auch, was in Griechenland undenkbar wäre, zusammen mit ihrem Gatten die Gastmähler und die Vorstellungen im Theater. Während die Griechin selbst als Zeugin vor Gericht ihren Tutor als Vertreter schicken mußte[4]), erschien die Römerin selbst vor Gericht und gab ihre Aussagen zu Protokoll. Selbst nach dem Tode erfuhr die Frau hohe Ehren durch ein feierliches Begräbnis und eine öffentliche Lobrede[5]). Die veränderten Verhältnisse, die namentlich seit dem zweiten punischen Krieg durch den steigenden Reichtum[6]) und den Einfluß des Orients in allen Gebieten des Lebens ein-

1) Leffingwell S. 46: „Die Macht der Manus wurde geschwächt durch eine große Mitgift." Vgl. Marquardt I 59.

2) Vgl. Aristophanes, Thesmoph. 790.

3) In älterer Zeit allerdings auch nicht gerne gesehen; vgl. Val. Max. VI 3, 10 bis 12.

4) Busolt-Swoboda, Griech. Staatskunde II 1179.

5) Marquardt, Privatleben der Römer (Hdb. Iw. Müller Bd. VII 1) S. 59; S. 349—350. Vollmer, Laudatio funebris. Jahrbuch für Philologie Suppl. XVIII (1892), 478 ff.: Die erste laudatio für Frauen wird von Plutarch (Camillus 8) für das Jahr 396, von Livius (V 50, 7) für 390 angesetzt; vgl. dagegen Cicero, der (de or. II 11) die erste Frauenlaudatio auf das Jahr 102 datiert, und Plutarch an anderer Stelle (Caes. 5), wo er die laudatio für alte Frauen als römische Sitte bezeichnet, während sie für junge Frauen erst von Caesar beim Tode seiner Gattin Cornelia eingeführt worden sei.

6) Schon im Jahre 215 war ein Gesetz gegen den Luxus der Frauen nötig (Lex Oppia).

getreten waren, bewirkten eine Lockerung mancher alten Sitte. Mehr denn je war man jetzt auch geneigt, persönliche Verdienste einzelner bedeutender Frauen öffentlich anzuerkennen; denn schon im 2. Jahrhundert war ein Gesetz nötig, das die Aufstellung von Frauenstatuen an öffentlichen Plätzen verbot [1]).

Diese überaus angesehene persönliche Stellung verfehlte nicht ihre Wirkung auf Charakter und Gesinnungsart der Römerin. Selbstbewußtsein, Machtwille und selbst Herrschbegierde waren im Wesen der Römerin stark hervortretende Züge [2]). Waren diese Charaktereigenschaften an sich schon wirksame Voraussetzungen für das Streben der Frau nach politischer Bedeutung, so begünstigten zahlreiche Momente des gesellschaftlichen Lebens noch ganz besonders die Hinwendung dieses Machtstrebens auf das Gebiet der Politik. Der Einfluß dieser Verhältnisse setzte schon in frühem Lebensalter ein. Ein wirksamer Umstand lag meines Erachtens schon in der Gestaltung des täglichen Lebens, in dem Zusammenleben der ganzen Familie [3]) im gemeinsamen Wohnraum, dem Atrium, indem dies in hohem Maße geeignet war, der Frau schon von Jugend an Kenntnis von den politischen Dingen zu vermitteln und das Interesse an ihnen wachzurufen. Denn nicht durch Zeitung und politische Broschüre, den Kindern unzugänglich, drang die Kunde von den Geschehnissen der Politik in das römische Haus. Im lebendigen Bericht des Vaters, der von wichtigen Neuerungen erzählte, im Gespräch der Männer, das alle Ereignisse der Politik erörterte, wurde auch den Kindern [4]) Einblick gegeben in das staatliche Leben ihres Volkes. Man muß sich die starke Konzentration der römischen Staatsverwaltung auf die erstaunlich geringe Zahl

---

1) Plin. Nat. hist. 34, 31.

2) Marquardt, Privatleben I 62.

3) Marquardt I 226. S. auch Plut. de curios. 8; Livius I 57, 9.

4) Marquardt I 91 führt aus, daß man die Knaben eigens zugegen sein hieß, „damit sie an lehrhaftem Beispiel die Aufgabe ihres eigenen Lebens sich zum Bewußtsein brächten". Es ist bei der gemeinsamen Erziehung der Knaben und Mädchen (siehe unten S. 34) und bei dem schon erwähnten Zusammenleben der Familie anzunehmen, daß man auch die Gegenwart der Mädchen zumindest duldete. Vgl. dagegen Xenophon, Oeconom. VII, 5—6: Man sorgte dafür, daß die Mädchen (der Griechen) so wenig sahen und hörten wie möglich und so wenig wie möglich fragten; sie sollten nur eins lernen: artig und sittsam zu sein. Vgl. auch Aristoteles, Politik I 13, 1260a 27 und Ussing, Erziehung und Jugendunterricht bei den Griechen und Römern (Berlin 1885) S. 65.

von Beamten und die dadurch bedingte starke persönliche Interessiertheit jeder Familie dieser führenden Nobilität vergegenwärtigen, um zu erkennen, wie groß der Einfluß des römischen Elternhauses gewesen sein muß.

Aufgabe der Erziehung war es, den einmal erwachten politischen Sinn zu stärken und in nützliche Wege zu leiten. Da ist es merkwürdig, daß der römische Staat, der immer und überall dem Einzelnen die übergeordnete Macht zu Bewußtsein brachte, ein so wichtiges Mittel zu politischer Beeinflussung ganz außer acht ließ. Der Staat überließ es in jedem Fall den Eltern [1]), ob und wie weit sie ihre Kinder unterrichten lassen wollten. Ein Elementarunterricht wurde fast allen Kindern zuteil. Auch die Mädchen besuchten sowohl den Heimunterricht als auch die öffentliche Schule [2]), und zwar gemeinsam mit den Knaben [3]). In Rom war also wenigstens im Jugendunterricht die gleichartige Erziehung für Mann und Frau verwirklicht, worin Plato, wohl unter dem Einfluß spartanischer Verhältnisse, eine der ersten Bedingungen für die Ertüchtigung der Frau zum Staatsdienst erblickt [4]). Die Unterrichtsmethode verlangte bis in die Zeit Ciceros ein Auswendiglernen des Zwölftafelgesetzes [5]). So war der erste Eindruck, den die Kinder vom römischen Staat erhielten, der einer wohlgeordneten Macht, deren Autorität man sich beugen muß, um ihren Schutz zu genießen. Der erste Unterrichtsstoff der römischen Jugend befaßte sich demnach mit Dingen des Rechtes und des Staates, eine bedeutsame Tatsache, wenn man bedenkt, wie fest in der Jugend gewonnene Eindrücke im Gedächtnis haften [6]). Bestrebungen der Gegenwart, schon dem Schulkind durch geeignete Lektüre u. dgl. eine politische Erziehung zu geben, fänden somit in römischen Bräuchen ein Vorbild. Jedoch

---

1) Cic. de rep. IV 3, 3; vgl. Marquardt I 80.

2) Liv. III 44, 6; Cic. ad Att. XII 33, 2; siehe auch Rice Holmes, The Roman Republic (Oxford 1923) I 86.

3) Hor. sat. I 10, 91; Martial VIII 3, 15; IX 68, 2; Plin. ep. V 16, 3; Suet. de gr. 16; Ovid, Trist. II 369 ff. Inschriften und bildliche Darstellungen siehe Friedländer, Darstellungen aus der Sittengeschichte Roms (IX. Aufl. 1919) Bd. 1 S. 268 f.

4) Plato, Pol. V 456.

5) Cic. de leg. II 23, 59.

6) Auswendiglernen des Gesetzbuches auch bei den Kretern (Strabo X 4, 20 p. 482; Ael. var. hist. II 39) vgl. Voigt, Die XII Tafeln (Leipzig 1883) I 64, Anm. 1.

einen Unterricht in der Geschichte, jenes vorzügliche Mittel zur Erzielung politischen Denkens, kannte man nicht in Rom[1]). Einen Ersatz dafür mochten die Erzählungen bieten, die man den Kindern wohl im Anschluß an die im Atrium aufgestellten Ahnenbüsten von den Taten ihrer Vorfahren gab[2]). Hierin sehen wir, wirksam unterstützt durch die religiöse Ahnenverehrung[3]) die Quelle jenes ausgeprägten Familiensinns, der im ganzen Verlauf der römischen Geschichte immer wieder zum Ausdruck kommt und von dem nicht zuletzt auch die Frauen ganz erfüllt waren.

Eine gewisse Beachtung gebührt etwa seit dem 2. Jahrh. v. Chr.[4]) auch dem griechischen Unterricht, der den Töchtern vornehmer Familien zuteil wurde. Viele Frauen konnten sich in der griechischen Sprache unterhalten[5]). Die griechische Literatur vermittelte durch die Einführung in griechische Philosophie und die Darbietung wichtiger Vergleichspunkte zwischen Rom und Hellas eine bessere Erkenntnis des eigenen Staatswesens der römischen Republik. Doch war es nur ein kleiner Kreis von Frauen, denen dieser Bildungsweg zugänglich war. Von größerem Einfluß war es dagegen sicher, daß die Verhältnisse des hellenistischen Ostens, wo gewisse Forderungen der griechischen staatsrechtlichen Literatur erfüllt zu sein schienen, weiteren Kreisen zur Kenntnis kamen. Nicht nur, daß die Kaufleute und die im Osten beauftragten Beamten die Kunde von den hellenistischen Herrschern nach Rom brachten, die Köni-

---

1) Vgl. Leffingwell S. 64.

2) Auf die erzieherische Wirkung des täglichen Anblickes der Ahnenbildnisse weist Cicero einmal ausdrücklich hin: Cic. Phil. II 26: Brutos ego impellerem, quorum uterque L. Bruti imaginem cotidie videret, alter etiam Ahalae? — Auch die laudationes funebres auf die Vorfahren wurden niedergeschrieben und in der Familie aufbewahrt: Cic. Brut. 16, 61.

3) Knaben und Mädchen wurden bei den sacra und epula als Ministranten verwendet; Belege bei Marquardt, Privatleben I 88.

4) Kenntnis der griechischen Sprache ist schon für den Beginn des 3. Jahrhs. v. Chr. nachzuweisen; Belege für weiteste Verbreitung griechischer Bildung im 2. Jahrh., ganz besonders aber im 1. Jahrh. v. Chr. bringt Wilhelm Kroll, Die Kultur der Ciceronischen Zeit (Erbe der Alten 2. Reihe, Heft 23) II 118 f.

5) Ausdrücklich bezeugt wird es von Sempronia (Sall. Cat. 25), einer Nachkommin der ebenfalls griechisch gebildeten Gracchen (Münzer, Römische Adelsparteien und Adelsfamilien, Stuttgart 1920, S. 273), von Caerellia, einer Freundin Ciceros (Cic. ad fam. XIII 72, 1; ad Att. XIII 21, 1; Quintilian, inst. or. VI 3, 112) und von Cornelia, der Gattin des Pompeius (Plut. Pomp. 35).

ginnen des Ostens traten selbst in Verbindung mit dem römischen Staat. Im Jahre 190 kam eine Gesandtschaft nach Rom von Ptolemaios V. Epiphanes und Kleopatra, den reges Aegypti, wie es bei Livius heißt[1]). Kleopatra V. Selene sandte ihre beiden Söhne in ihrem Auftrag nach Rom (175 v. Chr.) Sie erhoben Anspruch darauf, daß Ägypten ihnen gehöre und ihrer Mutter Selene[2]). Besonders eindrucksvoll aber war das Erscheinen ägyptischer Herrscherinnen in Rom selbst. Arsinoe wurde 46 von Caesar in seinem Triumphzug mitgeführt[3]). Bald darauf kam ihre Schwester Kleopatra VII in königlicher Pracht nach Rom und residierte dort zwei Jahre in einem Hause, das zum Besitz Caesars gehörte[4]). Ja, Caesar ließ ihr sogar im Tempel der Venus Genetrix zu Rom eine goldene Statue errichten[5]), machte damit die Königin zur „synnaos" der julischen Stammgöttin. Diese Ereignisse, die sich an die Person politisch überragender Frauen anschlossen, haben ihren Eindruck auf die Gedankenwelt und Zielsetzung der selbstbewußten, ehrgeizigen und machtliebenden Römerinnen nicht verfehlt.

Roms kulturelle und soziale Zustände lassen somit besonders gegen Ende der Republik zahlreiche Elemente erkennen, die geeignet sind, das Interesse der Frau an politischen Dingen wachzurufen, die weiter ihr auch die menschlichen und intellektuellen Fähigkeiten geben, welche zur Erzielung einer politisch einflußreichen Stellung unerläßlich sind. Die persönlichen und privatrechtlichen Verhältnisse gewährten der Frau schon im alten Rom bei aller grundsätzlichen Zurückdrängung so viel Freiheit und Selbständigkeit, daß sich auf dieser Grundlage wohl eine politische Einflußnahme der Frau denken ließe. Aber der durch griechische Bildung erweiterte Interessenkreis und die geschärfte Intelligenz, die gesellschaftliche Kultur der Frau, der durch größere Nachsicht der Sitte erleichterte gesellschaftliche Verkehr und die infolge der rechtlichen Entwicklung mögliche Ansammlung von Kapital in Frauenhänden stellen doch erst im letzten Jahrhundert der Republik ungemein

---

1) In beider Name gratulierte sie zu dem Erfolg des Acilius, der Kleopatras Vater Antiochos aus Griechenland vertrieben hatte: Livius XXXVII 3, 9.

2) G. H. Macurdy, Hellenistic Queens, Baltimore und London 1932 (Johns Hopkins University Studies in Archaeology Nr. 14) S. 171: Cic. Verr. IV 27.

3) Cassius Dio XLIII 19.

4) In hortis Caesaris trans Tiberim: Cic. ad Att. XIV 8 und XIV 20.

5) Appian b. c. II 102; Cass. Dio LI 22.

wirksame Faktoren dar, die im Verein mit der politischen Erregtheit der Zeit den Frauen neue, weit größere Bedeutung auch in der Politik zukommen ließen.

### 5. Möglichkeit einer Beeinflussung der politischen Rolle der Römerin durch die Verhältnisse in außeritalischen Staaten.

Es liegt nahe, bei einer so erstaunlichen Entwicklung, wie sie die Entstehung einer politischen Rolle der Frau in Rom trotz aller günstigen Vorbedingungen darstellt, die Möglichkeit einer Beeinflussung durch von außen einströmende kulturelle Kräfte in Betracht zu ziehen. Tatsächlich haben sich in der römischen Umwelt der vorchristlichen Jahrhunderte zum Teil Verhältnisse herausgebildet, die auf diesem Gebiet wirksam gewesen sein können. Es ist dabei zu denken an den politischen Einfluß von Frauen bei den Spartanern und Makedoniern, mehr noch im hellenistischen Ägypten. Freilich ist eine direkte Einwirkung von da auf die römischen Verhältnisse nicht nachweisbar, muß aber für durchaus möglich gehalten werden. Denn außer den zahlreichen Berührungen zwischen den einzelnen Staaten[1]), die auch in diesem Sinne gewirkt haben können, spricht besonders dafür die gemeinsame rassische Grundlage der Römer mit den Hellenen und mit den Makedonen, die auch das ägyptische Fürstenhaus stellen. Wenn z. B. ein hellenistischer Fürst um die Hand einer Römerin wirbt, so erkennen wir daraus, daß man sich dieser rassischen Gemeinsamkeit bewußt war und überdies, daß man in Rom Voraussetzungen erfüllt sah, auf Grund deren auch eine Römerin die politische Rolle einer hellenistischen Fürstin übernehmen konnte. Unter diesen Umständen sind Einflüsse auf den Gang der römischen Entwicklung durchaus denkbar. Eine kurze Darlegung der Grundlagen der politischen Wirksamkeit der Frau in jenen Staaten mag zeigen, in welchen Punkten die Möglichkeit einer Einwirkung auf Rom vorhanden war. Zumindest wird sie sowohl durch die oft überraschenden Parallelen als auch durch die bedeutsamen Unterschiede die Eigenart der anschließend zu behandelnden römischen Entwicklung noch stärker hervortreten lassen.

Eine schon im Altertum vielbesprochene Ausnahmestellung im Vergleich zu sämtlichen hellenischen Frauen nehmen die Spar-

---

1) Vgl. auch oben S. 34f.

tanerinnen ein. Von ihnen wird gesagt, daß die Männer ihnen gehorchten und mehr Einfluß auf die öffentlichen als auf die privaten Angelegenheiten gewährten[1]). Das deutet auf einen politischen Einfluß der Spartanerinnen hin. Doch auch für die Frauen in Sparta bestand keinerlei staatsrechtliche Anerkennung. „Die Spartanerinnen profitieren nichts von dem vom Staate mit dem Bürgerrecht verknüpften Vorteilen“ [2]). Die Entstehung ihres politischen Einflusses ist vielmehr anders begründet. Aristoteles weist darauf hin, daß er auf ihre unumschränkte Herrschaft in Familie und Haus zurückzuführen sei, die sich bei den dauernden Kriegszügen der Männer allmählich herausgebildet hatte[3]). Wie in Rom machte sich auch in Sparta das Überschreiten des häuslichen Wirkungskreises und Streben nach größerer, öffentlicher Bedeutung bemerkbar. Dazu kommt in Sparta ein noch bedeutend wichtigerer Umstand, von dem wir ebenfalls zuverlässige Kunde haben. Zur Zeit des Aristoteles nämlich waren ²/₅ des spartanischen Grund und Bodens im Besitz der Frauen[4]). Besonders reiche Spartanerinnen werden sogar mit Namen überliefert[5]). Der Reichtum in Frauenhänden erwies sich somit von politischer Wirksamkeit in Sparta wie auch in Rom[6]). Zieht man ferner in Erwägung, daß im Gegensatz zur attischen Griechin die Spartanerin im öffentlichen Leben eine Rolle spielt (Mitwirkung an staatlichen Festen, bei öffentlichen Spielen, als Priesterin) und auch ihre Erziehung der der Männer gleich oder doch stark angenähert ist, so sind zahlreiche Ähnlichkeiten in den Grundlagen zu einer politischen Rolle der Spartanerin wie der Römerin ganz offensichtlich, denen allerdings bedeutende Unterschiede gegenüberstehen[7]).

Neben den Spartanerinnen sind ebenfalls noch aus der Zeit vor der hellenistischen Epoche Frauen aus Makedonien als politische Größen bekannt. Gegenüber den Verhältnissen in Lakedaimon be-

1) Plut. Agis 7, 3.

2) U. Kahrstedt, Griech. Staatsrecht I S. 465.

3) Aristot. Pol. II, 9.

4) Aristot. Pol. II 6, 11 p. 1270 A.

5) Plut. Agis 4: Agesistrate und Archidamia, Mutter und Großmutter des Agis.

6) Vgl. Ed. Meyer, Forschungen I 257.

7) Die der männlichen Erziehung angeglichene Körperschulung bildete in Sparta die vermännlichte Frau heran; Familie und Ehe spielen nicht entfernt die Rolle wie in Rom.

steht für Makedonien ein grundlegender Unterschied. Hier handelt es sich um königliche Frauen, die von politischer Bedeutung sind. Durch ihre Zugehörigkeit zum Herrscherhaus genießen sie ein besonderes Ansehen, haben eine von den Untertanen anerkannte Ausnahmestellung im Vergleich zu den anderen Frauen [1]). Trotzdem erschöpfte sich die politische Rolle jener Makedonierinnen fast durchaus in ihrer Bedeutung für den Abschluß politischer Heiraten [2]) mit auswärtigen Fürsten und Großen. Darauf beruhte die politische Rolle der Gygaea, der Schwester des Alexandros Philhellen, die mit dem Perser Bubares vermählt wurde [3]), und Stratonikes, der Schwester des Perdikkas, Sohnes des Alexandros Philhellen, seit 429 mit Seuthes von Thrakien vermählt, womit Perdikkas dessen Rückzug aus Makedonien erkaufte [4]); Kleopatra, Gattin des Perdikkas II., verhalf durch eine Ehe mit Archelaos, dem illegitimen Sohn des Perdikkas, diesem zur Nachfolge auf den makedonischen Königsthron [5]). „Diese frühen Königinnen waren durchaus passiv in politischen Angelegenheiten und sie sind uns nur bekannt durch den Gebrauch, den die Könige von ihnen machten“ [6]). Die Tätigkeit der Makedonierinnen nun, die im Rufe stehen, selbständig Politik getrieben zu haben, ist keinesfalls in politischen Formen erfolgt. Denn die Mittel, die zur Anwendung kamen, sind Intrige und Verbrechen. Die Politik dieser Frauen bleibt im großen ganzen ein Versuch zur Erringung der Macht, mit starker natürlicher Begabung und ungeheurer Leidenschaft des Willens unternommen, aber zur Erfolglosigkeit verurteilt, sobald eine starke, wirklich politische Macht ihrem nur auf Leidenschaft gegründeten Vorgehen die Kraft brach. Das ist die Art der „Politik“ Eurydikes, der Mutter Philipps II. [7]) und auch die Tätigkeit der Olympias, Gattin

---

1) Sie erscheinen z. B. auch auf dem Schlachtfeld, beteiligen sich mitunter auch am Kampf; vgl. Macurdy S. 232.

2) Macurdy S. 6: The names of the early Macedonian princesses occur only in this connection; vgl. ebda. S. 14 oben.

3) Herodot V 21 und VIII 136. Bubares war als Gesandter nach Makedonien gekommen, um Rechenschaft zu fordern für die Ermordung persischer Gesandter.

4) Thuk. II 101, 6.

5) Im Jahre 413 (Macurdy S. 15).

6) Macurdy S. 16.

7) The power which she possessed from her natural gifts ... should not be confused with the question of political power, for which there is not a shred of evidence in her case (Macurdy S. 22).

Philipps II. und Mutter Alexanders, geht kaum darüber hinaus [1]). Ihren Ruf verdanken sie mehr ihrem staunenerregenden Streben, als dem, was sie erreichten. Trotz ihrer hervorragenden Stellung, die eine gewisse Berufung zu politischer Einflußnahme bedeuten konnte, gelang ihnen in der Verfolgung ihrer selbstsüchtigen Ziele kaum mehr als eine vorübergehende Verwirrung der innerstaatlichen Verhältnisse. Die halbbarbarische Wildheit dieser Frauen versagte ihrem Streben nach politischem Einfluß den Erfolg.

Dagegen erreichten Frauen der hellenistischen Zeit in der Tat machtvollen Einfluß auf die Politik. Es sei hier nur erinnert an Laodike, bekannt durch den nach ihr benannten Krieg und Kleopatra Thea, die seleukidischen Herrscherinnen, besonders aber seien genannt Arsinoe II. und Kleopatra II. und deren Namensschwestern Kleopatra III. und VII., jene hervorragendsten Frauen des ptolemäischen Hauses. Die Tatsache, daß nur einzelne wenige Frauen eine solche politische Bedeutung erlangt haben, erklärt sich damit, daß durch die absolute Monarchie der hellenistischen Königreiche jede politische Betätigung außerhalb des Herrscherhauses ausgeschlossen war. Es ist bekannt, wie sehr der Grieche unter der erzwungenen politischen Untätigkeit litt; der Aufschwung des „bürgerlichen" Lebens und die Wandlung der bisherigen politischen Weltanschauung und Staatsauffassung zur kynisch-stoischen Lehre vom Weltbürgertum sind ihre deutlich erkennbaren Folgen. Die Frauen nun, die unter diesen Umständen von politischer Bedeutung sein wollen, müssen notwendig in engster Beziehung zum herrschenden Hause stehen; in der Tat sind es ausschließlich Angehörige der königlichen Familie, zumeist die Gattinnen der jeweiligen Herrscher. Wie im älteren makedonischen Königreich, so war auch unter dem hellenistischen Königtum unerläßliche Vorbedingung für eine wirksame politische Rolle der Frau ihre Zugehörigkeit zur herrschenden Familie. Die Monarchie gab somit den Frauen des Herrscherhauses weitreichende Möglichkeit zu politischer Einflußnahme, jedoch keinerlei rechtliche Funktion. Denn die Stellung der Königin ist „trotz Kult, Münzbild und Diadem nicht als staats-

---

1) Intrige gegen Antipater in der Korrespondenz mit Alexander; die Ermordung Philipps wird ihr zur Last gelegt; Arrhidaeus, Alexanders Stiefbruder wurde in seiner geistigen Entwicklung zurückgehalten; Beseitigung des Arrhidaeus und der Eurydike u. a. m.

rechtliche Teilnahme an der Herrschaft aufzufassen"[1]. Von größter politischer Bedeutung waren auch im Hellenismus die Frauen des königlichen Hauses beim Abschluß diplomatischer Heiraten, durch die einerseits der Zusammenhalt der hellenistischen Könige untereinander, die Verbundenheit der fremdstämmigen Herrscher gegen ein zahlenmäßig weit überlegenes[2]) Volk von Unterworfenen erhalten, andererseits die Anerkennung der stets umstrittenen Herrschaftsgebiete gegeneinander gewährleistet werden sollte.

Darüber hinaus hat man in der Stellung besonders der Ptolemäerin politische Gleichberechtigung der Frau zu erkennen geglaubt[3]), eine Ansicht, die verschiedentlich ganz ausdrücklich zurückgewiesen wurde[4]). Ohne jedoch hier die Frage nach der staatsrechtlichen Anerkennung der Ptolemäerin näher zu erörtern, kann behauptet werden, daß in Ägypten der Einfluß von Frauen auf die Politik überaus groß war, und zwar schon in der Zeit vor Kleopatra II., für welche Strack zuerst die politische Gleichberechtigung verwirklicht zu sehen glaubte. Berenike I., die Gattin des Ptolemaios I., hatte keinerlei rechtliche Funktion in der Verwaltung des Landes, so wenig wie Eurydike, die frühere Gemahlin ihres Mannes. Aber durch ihren starken persönlichen Einfluß auf Ptolemaios, den Träger der politischen Macht, bewirkte sie, daß er seinen erstgeborenen Sohn aus erster Ehe von der Thronfolge ausschloß und ihren, Berenikes, Sohn zum Nachfolger bestimmte[5]). Als Pyrrhos von Epeiros im Jahre 298 nach Alexandria kam, erkannte er die Macht ihres Einflusses auf Ptolemaios. „Er sah, daß sie überaus großen Einfluß besaß und alle anderen Frauen an Tüchtigkeit und Klugheit übertraf"[6]). Da er sich ihr gegenüber der größten Aufmerksamkeit befleißigte, erhielt er Berenikes Tochter Antigone (aus ihrer ersten Ehe mit dem Makedonen Philipp Magas) zur Frau[7]). Ihr

1) V. Ehrenberg, Der griechische und der hellenistische Staat (Einl. in die klass. Altertumswissenschaft v. Gercke-Norden III, 3. Heft, Leipzig 1932) S. 75.

2) Ehrenberg a. a. O. S. 70.

3) Strack, Die Dynastie der Ptolemäer (Berlin 1897); J. Kaerst, Geschichte des Hellenismus (2. Aufl. 1926) II 343: „eine wirkliche Mitregentschaft der Königinnen" im späteren ptolemäischen Königtum.

4) V. Ehrenberg a. a. O.; E. Breccia, Il diritto dinastico nelle monarchie dei successori d'Alessandro Magno (Studi di storia antica IV), Rom 1903.

5) Macurdy S. 108.

6) Plut. Pyrrhus 4, 6.

7) Beloch, Griechische Geschichte IV² S. 180—181 nach Plutarch, Pyrrhus 4.

Sohn Magas wurde Vizekönig, später König von Kyrene. Da ihr erster Gatte ein unbedeutender Makedone war [1]), sind diese Erfolge ihrer Kinder aus erster Ehe sicher ganz ihrem Einfluß zuzuschreiben, um so sicherer, als uns aus dem Altertum die Kraft ihres Verstandes und ihr großes Wissen gerühmt werden [2]). In Berenike erkennen wir somit eine Frau von anerkannt großem Einfluß (Pyrrhos!) auf die ptolemäische Politik. Diese ihre Stellung am Hofe von Alexandria beruhte nicht auf irgend einer staatsrechtlichen Funktion, sondern wurde von Berenike selbst kraft ihrer Persönlichkeit errungen, die uns in der erwähnten Stelle bei Plutarch kurz, aber überzeugend geschildert wird. — Arsinoe II. erreichte durch Wiederaufnahme der altägyptischen Geschwisterehe eine ungeheuere Steigerung ihres Ansehens. In einer Inschrift des Jahres 266 heißt es, daß Ptolemaios in seinem Verhalten gegen die Griechen der Politik seiner Vorfahren und der seiner Schwester gefolgt sei [3]). Ohne Rechtsanspruch beherrschte Arsinoe II. dennoch die Politik Ägyptens, nicht so sehr als Nachfolgerin auf dem Thron der altägyptischen Königinnen, als durch ihre starke Persönlichkeit. Schon ihr Vater Antiochus mußte von der Macht ihres persönlichen Einflusses überzeugt gewesen sein, denn er hatte sie mit dem Ptolemäer vermählt, nur um durch sie Ägypten zu vernichten [4]).

Die weitere Entwicklung in Ägypten von Stufe zu Stufe bis zu der freilich nicht nominellen, aber tatsächlichen Alleinherrschaft einer Kleopatra VII. soll hier nicht weiter verfolgt werden. Denn schon die Geschichte dieser frühen Ptolemäerinnen zeigt, daß die Frauen in Ägypten neben der politischen Bedeutung zur Sicherung der Dynastie und Wahrung der außenpolitischen Interessen auch persönlichen Einfluß auf die politischen Vorgänge besitzen, den sie sich auf Grund jener politischen Bedeutung, mehr aber noch auf Grund ihrer Persönlichkeit selbst errungen haben. Dabei tritt ein bemerkenswerter Unterschied zwischen diesen Ptolemäerinnen und den Frauen zutage, die vor ihnen in früherer Zeit politischen Einfluß auszuüben suchten. Denn Frauen von der Artung der hellenistischen Herrscherinnen sind undenkbar in der klassischen Zeit des griechischen Mutterlandes, ganz besonders undenkbar in der make-

1) Macurdy S. 106.

2) Theokrit, Id. XVII und XXXIV; Plut. Pyrrhus 4.

3) Dittenberger, Sylloge³ 434.

4) Buch Daniel XI, 17.

donischen Frühzeit. Um wie diese hellenistischen Herrscherinnen zu einer anerkannten Stellung im politischen Leben zu gelangen, dazu reichten jene Mittel einer frühen Zeit und eines rauhen Volkes nicht mehr aus. Gewalttätigkeiten allein, die freilich oft genug noch traditionsgemäß mit jenem leidenschaftlichen Willen zur Macht — einem Erbteil aller hellenistischen Herrscherinnen — in Anwendung kamen, waren nicht hinreichend in den viel zivilisierteren Ländern und, was wichtiger ist, den ungleich komplizierteren staatlichen Verhältnissen, die nicht selten zu außenpolitischen Verwicklungen führten. Vollends um Beherrscherin des Ptolemäerreiches zu werden genügte die bloße Naturgewalt eines unbezähmbaren Willens nicht mehr. Damit eine Frau die einflußreiche Stellung und tatsächliche Macht jener Ptolemäerinnen erwerben konnte, mußten in allen ihren Daseinsformen Voraussetzungen erfüllt sein, die einer hochstehenden Kultur entsprachen und denen des Mannes möglichst gleichwertig waren. Das war im Hellenismus der Fall.

Hier hatte mit der umwälzenden Änderung und Erweiterung der politischen und kulturellen Grundlagen des Lebens auch eine Befreiung der griechischen Frau aus der strengen Abgeschlossenheit des innerhäuslichen Lebens und der schroffen Untertanenstellung stattgefunden [1]. Theokrit vergönnt uns in einem seiner Idylle zu sehen, mit welcher Selbstverständlichkeit Frauen sich auf öffentlichen Plätzen unter dem Volk und den Männern bewegen, ein Betragen, das für die Verhältnisse der griechischen Polis im Mutterland durchaus unmöglich war [2]. Die Mimiamben des Herondas zeigen uns das gleiche, von den wie Sklaverei anmutenden Zuständen befreite Dasein der hellenistischen Griechin [3]. Selbst eine Schulbildung läßt man jetzt der griechischen Frau in ihrer Jugend zuteil werden, mitunter sogar in staatlichen Schulen [4]. Die isolierte Stellung der griechischen Eroberer im fremden Land steigerte die Bedeutung jeder einzelnen griechischen Familie; die gleichzeitige Verdrängung der Bürger aus dem politischen Leben begünstigte die

1) Vgl. Helbig, Untersuchungen über die campanische Wandmalerei S. 191.

2) Theokrit, Adoniazusen.

3) z. B. „Die Frauen beim Schuster". In Griechenland dagegen erlaubte man den Frauen nicht einmal, zum Einkauf das Haus zu verlassen; vgl. Busolt, Griechische Staatskunde I 245.

4) Aus Papyri und archäologischen Funden ersichtlich, siehe v. Wilamowitz-Moellendorf, Staat und Gesellschaft der Griechen (Kultur der Gegenwart II. Teil, Abt. IV, 1) S. 194.

Entstehung eines Familienlebens und brachte eine höhere Achtung und Wertschätzung der Frau. „Die Emanzipation der Frauen machte mit dem Niedergang der bürgerlichen Kraft und der politischen Selbständigkeit der Griechen erhebliche Fortschritte[1])". Das Verhalten des Dichters Theokrit zu der Gattin des Nikias[2]) zeigt deutlich den neuen Geist. Was aber für die griechische Bürgerin die neue Epoche des Hellenismus brachte[3]), das galt in weit höherem Maße von der Frau, die dem herrschenden Hause angehörte. Die Schmeichelei der Untertanen und die politische Berechnung der Herrscher wetteiferten, das Ansehen der königlichen Frauen immer mehr zu steigern. Außerdem war die Erziehung und Bildung der hellenistischen Königinnen namentlich im Vergleich zu jener der makedonischen Frauen der Gestaltung einer einflußreichen Persönlichkeit weit günstiger. In Makedonien war Eurydike, die Mutter Philipps II. die erste Frau, die lesen und schreiben lernte[4]). Dagegen steht schon Berenike I. im Rufe eines großen Wissens[5]). Kleopatras VII. Sprachenkunde[6]) und ihre Vorliebe für Gelehrsamkeit[7]) sind bekannt. In der Tat schuf erst die Umwandlung der politischen und kulturellen Grundlagen des Lebens durch den Hellenismus die Voraussetzung für die Entstehung einer so bedeutsamen politischen Rolle, wie sie die Ptolemäerin innehatte. Sie brachte die Befreiung der Frau aus dem unbedeutenden Dasein, welches das normale der Griechin gewesen zu sein scheint, gab größere Weltgewandtheit, eine gründlichere Bildung, vor allem aber neue, höhere Wertschätzung und größeres Ansehen der Frau, deren Streben man jetzt mehr Beachtung schenkte[8]). Es ist kein Zufall,

---

1) Busolt a. a. O. S. 244.

2) Theokrit, Id. XXVIII („Die Spindel").

3) Kaerst, a. a. O. S. 286 ist der Ansicht, daß „die verhängnisvolle Zurückdrängung des weiblichen Elementes auch in der hellenistischen Zeit im großen und ganzen doch wohl nicht beseitigt worden" ist. Jedoch nimmt auch er an, „daß ein lebhafter Verkehr mit den Frauen zum Teil wenigstens eine gewisse Verfeinerung des gesellschaftlichen Verkehrs und der Lebenssitte herbeigeführt hat".

4) Belege bei Macurdy S. 22.

5) Vgl. Theokrit XVII.

6) Plut. Antonius 27; Philostrat. vit. soph. I, 5.

7) Appian b. c. V 11.

8) Noch Alexander der Große hatte verächtlich gesagt, Makedonien werde es nie ertragen, eine Frau als König zu haben (Plut. Alexander 68); auch Anti-

daß die stärkste Machtentfaltung einer Frau in Ägypten zu beobachten ist, wo neben dem Einfluß monarchisch-dynastischer Interessen auch die Wirksamkeit uralter mutterrechtlicher Ideen [1]) die größte Steigerung des Ansehens der Frau hervorgerufen hatten.

Die Erörterung dieser für die Entstehung einer politischen Rolle der Frau maßgebenden Einflüsse läßt erkennen, daß in einem Staate, der rechtlich die Frau grundsätzlich von jeder politischen Betätigung ausschließt, ein Einfluß der Frau auf die Politik nur dann möglich ist, wenn die Frau, sei es auf Grund politischer Verhältnisse und Berechnung, sei es infolge der privatrechtlichen und kulturellen Entwicklung wenigstens in ihrer persönlichen Bewertung und sozialen Stellung dem Manne möglichst gleichgestellt ist. Die Gunst der gesellschaftlichen und rechtlichen Verhältnisse in Rom für die Entfaltung eines weiblichen politischen Einflusses wurde bereits dargelegt. Im Vergleich zu den Gegebenheiten in den hellenistischen Staaten erscheinen sie von erhöhter Wichtigkeit durch die Tatsache, daß sie einerseits eine noch viel fortschrittlichere Entwicklung nehmen, andererseits die Römerin als Republikanerin die Berufung zu politischer Betätigung und das überragende Ansehen nicht in dem Grade besitzt, wie sie der zur Herrscherfamilie gehörenden Frau etwa durch die hellenistische Monarchie gegebeu sind. Die förderlichen Momente, welche dennoch die römische Verfassung für die Entstehung einer politischen Wirksamkeit der Frau enthielt, sollen im Laufe der folgenden Untersuchung zur Darstellung kommen.

---

pater ließ sterbend die Makedonen schwören, nie eine Frau über sich herrschen zu lassen (Diod. XIX 11, 9).

1) Vgl. Kornemann, Die Stellung der Frau in der vorgriechischen Mittelmeerkultur (Heidelberg 1927) S. 19 und S. 52.

## II. Passive politische Rolle der Frau in Rom.

Sowohl im makedonischen Königtum wie auch in der hellenistischen Monarchie besaßen die Frauen des herrschenden Hauses politische Bedeutung; sie waren durch Geburt dem Herrscher persönlich nahestehende Mittlerinnen in allen Schwierigkeiten dynastischer und außenpolitischer Art. Der monarchische Staatsgedanke erscheint hier als die Grundlage dieser politischen Rolle der Frau. Aber auch in der römischen Republik ist diese Art einer politischen Wirksamkeit der Frau erkennbar. Denn da die römische Republik praktisch in der Form des oligarchisch-aristokratischen Regimentes verwirklicht ist, spricht man auch in Rom zwar nicht von einem herrschenden Hause, wohl aber von der regierenden Schicht des Amtsadels der Nobilität. Hier hat man der Frau unabhängig von ihrer rechtlichen und kultischen Stellung schon in frühester Zeit eine politische Rolle zuerteilt, die unbeeinflußt von ihrem Tun durch ihr bloßes Sein bedingt ist, durch die Bedeutung, die ihr ohne weiteres zukommt als Glied ihrer Familie, als Trägerin ihres Namens und der Tradition ihres Hauses und die namentlich bei dem Abschluß von politischen Ehebündnissen in Erscheinung tritt.

Wie durchaus unabhängig diese politische Rolle der Frau von ihrer Persönlichkeit ist, erweist am besten die Tatsache, daß auch in Attika, wo doch die sozialen Verhältnisse der Frau nur eine völlig untergeordnete Stellung einräumten, die Griechin dennoch von ähnlich politischer Bedeutung ist wie die Römerin. Denn auch in der attischen Demokratie hatten sich in den staatlich anerkannten Geschlechtsverbänden Reste der Adelsherrschaft erhalten. Die Mitglieder dieser Adelshäuser scheinen ererbte Vorrechte bei der Besetzung der Staatsämter besessen zu haben, denn ihre Vertreter erscheinen immer wieder in den führenden Stellungen[1]). Ein ganz

1) Vgl. die genealogischen Tafeln bei Toepffer, Attische Genealogie (Berlin 1889) S. 317 ff.

ausgeprägtes Standesbewußtsein ist diesem attischen Adel eigen, streng wird die Abschließung gegenüber anderen gesellschaftlichen Klassen gewahrt[1]). Die Erhaltung dieses Standes mit seinen politischen Machtansprüchen wurde durch standesgemäße Heiraten gesichert. Dabei spielten natürlich die Frauen aus diesen Kreisen eine entscheidende Rolle. Die starke Betonung der adeligen Abstammung des Alkibiades von väterlicher und mütterlicher Seite[2]) läßt deutlich die Bewertung der Frau nach diesem politischen Gesichtspunkt der Aristokratie erkennen. Überall wo die Adelsherrschaft sich gegen andere Formen der Regierung zu behaupten hat oder durchzusetzen sucht, ist das System der politischen Ehe durchweg herrschend. Selbst in der griechischen Polis sicherten verschiedene Häuser ihre ererbte Vorzugsstellung in der Besetzung der Ämter durch standesgemäße Heiraten und die Fürsten des deutschen Mittelalters suchten ebensosehr wie etwa die Aristokratie des heutigen England den Einfluß ihres Standes auf die Politik durch Aufnahme geeigneter verwandtschaftlicher Beziehungen zu behaupten. Hier wie dort und in Rom war eine politische Partei vielfach eine Vereinigung verschiedener, durch zahlreiche Heiraten miteinander verschwägerter Adeliger von einheitlicher politischer Haltung. Doch am deutlichsten erfaßbar ist die politische Bedeutung der Familienzugehörigkeit der Frau in den führenden Kreisen Roms.

Die Familie ist innerhalb des römischen Staates von höchster Bedeutung; nirgends so sehr wie in Rom stellt sie einen Staat im kleinen dar. Durch die fast vollständige Freiheit von staatlicher Einmischung in ihre Verhältnisse, durch die von ihr geleitete und also ganz in ihrem Sinne erfolgende Jugenderziehung, durch die Erhaltung jahrhundertelangen Zusammenhangs der Generationen im Ahnenkult erhält die römische Familie eine ganz eigenartige Stellung gegenüber dem Staatsganzen. Schon durch diese für manches andere Gemeinwesen untragbare Selbständigkeit erscheint sie als

1) In den Dichtungen des Theognis kommt die hochmütige Absonderung gegen den Demos besonders scharf zum Ausdruck; vgl. besonders die Verse 847—850 (Ausgabe von Diehl). Christ-Schmid, Geschichte der griech. Literatur (V. Aufl. 1908) I S. 170 weist in diesem Zusammenhang hin auf die adelsstolze Formel des noch im 4. Jahrhundert gebräuchlichen Archonteneides, erhalten bei Aristot. Pol. V p. 1310 a 9.

2) Plut. Alkib. 8; Demosth. XXI 144.

eine politische Größe. Diese politische Bedeutung der römischen Familie erfährt noch eine gewaltige Steigerung durch den festen Zusammenhalt aller Mitglieder eines Hauses über Raum und Zeit hinweg. Alle, die den gleichen Namen tragen, fühlen sich als Stammverwandte, als Gentilen [1]). In ihrer Gesamtheit bilden sie das Geschlecht, die Gens, die bedeutendste Großmacht im politischen Leben Roms [2]). Das älteste Mitglied der Gens ist nicht nur ihr Oberhaupt für sakrale und rechtliche Belange, sondern in erster Linie der tonangebende Führer der von der Gens vertretenen Politik. Die politische Richtung aber eines römischen Adelshauses ist traditionell festgelegt, ist Erbgut eines jeden Gentilen. Durch seine Geburt ist dem römischen Adeligen die Parteistellung vorgezeichnet; sogleich bei seinem Eintritt in das politische Leben wertet man ihn nach seiner Familienzugehörigkeit als Anhänger einer bestimmten Partei.

Durch diese ungeheuer große Bedeutung von Abstammung und Blutsverwandtschaft erklärt sich auch die ausschlaggebende Bedeutung der Frau beim Abschluß einer Ehe. Die Eheschließung ist in Rom für die regierende Schicht eine in hohem Grade politische Angelegenheit. Sie vollzieht die Vereinigung mehrerer Familien der herrschenden Klasse und ihrer politischen Machtansprüche, eine Vereinigung, die in Rom schon fast die Bedeutung einer Partei hat [3]) und deren Sieg Glück oder Unheil für den Staat bedeuten kann, diesen also in seiner Abhängigkeit von jener Verbindung zeigt. Sie sichert nicht nur dem an dieser Ehe beteiligten Politiker, sondern auch dem aus diesem Bunde stammenden Erben im Verlauf seiner politischen Tätigkeit die stärkste Unterstützung durch die Mitglieder zweier Geschlechter und ihres ganzen Anhangs. Wohl kann ein solcher politisch bedeutsamer Zusammenschluß der Gentes auch durch ein Freundschafts- oder Klientelverhältnis zu-

---

1) Cic. top. 6, 29: Gentiles sunt inter se, qui eodem nomine sunt. Unter ihnen besteht die Rechtsvermutung der Abstammung von einem allen gemeinsamen ältesten Vorfahren: Mommsen, Staatsrecht III 91.

2) W. Schur, Scipio Africanus und die Begründung der Weltherrschaft (Leipzig 1927) S. 10.

3) Besonders aufschlußreich ist der Bedeutungswandel des Wortes factio, das ursprünglich gleichbedeutend war mit „verwandtschaftlicher Verbindung": Plautus, Trin. 452, auch 466, 490; vgl. M. Gelzer, Die Nobilität der römischen Republik (Leipzig 1912) S. 103.

standekommen[1]). Doch die stärkste Bindung, namentlich in den Kreisen des Hochadels, ist immer die durch verwandtschaftliche Beziehungen, durch wechselseitige Heiraten begründete. Die Wahl der Ehegatten erfolgt in den Familien der regierenden Schicht nach durchaus politischen Gesichtspunkten und die getroffene Wahl kommt einem politischen Bekenntnis oder auch Zugeständnis gleich. Der Zweck war immer, durch Erweiterung der politischen Ausgangsstellung — das war die Familie und der Verband der Gens in Rom — Förderung eigenen Strebens zu erfahren, am besten durch tätige Mithilfe eines Gleichgesinnten, durch Gewinnung, zum mindesten aber wohlwollende Neutralität eines bisherigen Gegners. Eine Gewähr für die Verwirklichung des gehofften Erfolges bot, wenigstens in früherer Zeit, zum großen Teil die hohe Wertschätzung der Frau bei den Römern. Denn der Mann, der eine Frau ins Haus nahm, wußte, daß ihm damit das wertvollste Unterpfand der Familie übergeben war; die Familie, die die Tochter einem Manne zur Ehe gab, durfte annehmen, daß dessen Handlungen von dem Bewußtsein seiner verwandtschaftlichen Bindung getragen, ihren Interessen nicht entgegenstehen würden.

Ein Beweis für die frühe Erkenntnis der politischen Auswertung der Eheschließung ist das seit altersher bestehende Verbot der wechselseitigen Heirat zwischen Patriziern und Plebejern. Wir erkennen darin die Ablehnung nicht standesgemäßer Ehen und vor allem die kastenmäßige Absonderung des Adels, wobei die Frau eine wichtige Rolle innehat zur Erhaltung des Geschlechts und seiner politischen Stellung. Außerdem ist es nicht unmöglich, daß mit diesem Machtstreben der Geschlechter ein rassisches Empfinden verbunden war der Art, daß die patrizische Oberschicht die fremdstämmige Plebs von ihrem rassereinen Verband fernhalten wollte und sie naturgemäß auch politisch niederzuhalten bestrebt war, somit im römischen Ständekampf ein Kampf der Rassen zu erblicken wäre[2]). Diese Vermutung hängt aufs engste zusammen mit der Frage nach der Entstehung der Plebs und ist jedenfalls nicht zu

---

1) Gelzer a. a. O.; vgl. über Nah- und Treuverhältnisse S. 49—91; politische Freundschaft S. 84 ff.

2) Hans F. K. Günther, Rassengeschichte des hellenischen und des römischen Volkes, S. 75 und 76; Ludwig Schemann, Hauptepochen und Hauptvölker der Geschichte in ihrer Stellung zur Rasse (Die Rasse in den Geisteswissenschaften B. II, 1930) S. 160 f.

beweisen[1]). Was jedoch aus historischer Zeit klar erfaßbar ist, ist die Ausgestaltung des Eheverbots zu einem der wichtigsten Kampfmittel im Streit der Stände um die politische Führerschaft. Es war daher ein Ereignis von hoher politischer Bedeutung, als im Jahre 446 durch die Lex Canuleia die Ehegemeinschaft zwischen Patriziern und Plebejern gestattet wurde. Es war der erste Schritt zur Verständigung, dem bald weitere Zugeständnisse an die Plebejer folgten. Aber mehr denn je war gerade in den Zeiten des Ständekampfes die Erlangung der oberen Magistrate eine Frage der persönlichen Beziehungen. Für die älteste Zeit gibt ein Einblick in die Namenfolge der Konsullisten beredten Aufschluß darüber, daß bei dem Angleichungsprozeß von Patriziern und Plebejern die Frau als Gegenstand politischer Heiraten großen Anteil hatte[2]).

Daß aber der Vorteil dieser Mischehen nicht einseitig den Plebejern zufiel, zeigen die Konsullisten der Jahre 361 bis 356. Im Jahre 361 waren Konsuln der Patrizier C. Sulpicius und der Plebejer C. Licinius. Beide hatten eine Fabia zur Frau, Töchter des M. Fabius Ambustus. Im Jahre darauf wird ein Fabier Konsul[3]). Seine beiden unter sich und mit ihm verschwägerten Vorgänger hatten ihm also zur führenden Stellung des Konsulates verholfen und durch kluge Politik verstanden es die Fabier, von da an mehrere Jahre hindurch den Besitz des Amtes zu behaupten. Aber der Plebejer Licinius hatte zu dieser Herrschaft der Fabier wesentlich beigetragen. Freilich schlossen sich auch die Patrizier unter sich in Familienverbänden zusammen und in Zeiten der patrizischen Reaktion werden Ehen unter Patriziern das wirksamste Mittel zum Ausschluß der Plebejer gewesen sein. So knüpften die Aemilier verwandtschaftliche Bande mit den gleich mächtigen Corneliern und nahmen zugleich sichernde Verbindung mit den Papiriern auf. Doch auch dieser festgefügte Bund hatte die Notwendigkeit erkannt, seine dreifache Machtstellung auch in der Plebs zu verankern, was

1) Eine germanische Parallelerscheinung könnte man in dem Eheverbot zwischen Ostgoten und Rugiern oder zwischen Westgoten und Römern erblicken, sofern dies nicht auch etwa rein politisch motiviert war (vgl. Hoops, Reall. d. german. Altertumskunde I, 507 s. v. Ehehindernis).

2) Die Darlegung dieser Verhältnisse ist eines der Hauptergebnisse der Untersuchungen von F. Münzer, Römische Adelsparteien und Adelsfamilien (Stuttgart 1920). Zur Ergänzung W. Schur, Fremder Adel in Rom (Hermes 59) und ders. Scipio Afr. Anhang S. 105: Die Parteiverhältnisse im Zeitalter Scipios.

3) Livius VI 34; vgl. Münzer S. 24.

in der Verschwägerung der Cornelier mit den plebejischen Pomponiern zum Ausdruck kommt[1]).

Die Machtpolitik der patrizischen Geschlechter hatte in dem Streben nach Vermehrung ihrer Gefolgsleute durch zahlreiche Verschwägerungen mit der Plebs eine weitgehende Heranziehung gewisser plebejischer Familien an den Kreis der Patrizier eingeleitet. Da nun einerseits die Patrizier in Erwiderung der eigenen Vorteile auch die politischen Ziele der neuen Verwandten zu unterstützen sich verpflichtet sahen, andererseits die Plebejer durch die Erkenntnis ihrer Bedeutung in der Hoffnung auf die Hilfe der mächtigen Verwandtschaft sich zu größeren Forderungen ermutigen ließen, war die politische Gleichberechtigung der plebejischen Oberschicht eine unausbleibliche Folge dieser Mischehen zwischen Plebejern und Patriziern. In ihnen erkennen wir somit einen Faktor von weittragender, ja ausschlaggebender Bedeutung für den Verlauf des Ständekampfes, dessen Ende dem römischen Staat ein ganz neues Gepräge aufdrückte. Das Ergebnis war die Bildung des neuen römischen Adels, des Amtsadels der Nobilität.

Doch auch die außenpolitischen Ereignisse der Einigung Italiens unter das römische Regiment fanden Förderung und einen befriedigenden Abschluß in der Schaffung neuer verwandtschaftlicher Beziehungen zwischen dem stadtrömischen Adel und dem Adel aus den Ländern Italiens. Zugleich kommt in diesen Ehebündnissen eine gewisse patrizische Reaktion gegen die plebejische Mitherrschaft zum Ausdruck. Denn, wie Münzer feststellt[2]), „der alte römische Geburtsadel war mit dem ausländischen Adel weit enger verbunden als mit seinen Landsleuten aus der Plebs". Der Adel des italischen Landes bot in der Tat den führenden Patrizierfamilien in Rom die Möglichkeit, durch Erweiterung ihrer Gefolgschaft die Grundlage ihrer Machtstellung zu verbreitern[3]). Verbindungen mit auswärtigen Adeligen, jedoch stammverwandten italischen herzustellen, war besonders in einzelnen Familien ausgiebig geübter Brauch. Namentlich erstrecken sich die durch Heirat geschaffenen Beziehungen der Fabier über das ganze italische Land[4]).

Aber auch die plebejische Nobilität suchte Sicherung ihrer Stellung,

1) **Münzer** S. 160.
2) **Münzer** S. 78.
3) **Livius** XXIII 2, 6.
4) **Münzer** S. 55.

indem sie sich Ansehen und Reichtum auswärtiger Familien zunutze machte. So war die Gens Livia mit dem campanischen Adel eng verbunden [1]).

Vom Beginn der römischen Republik an erscheint somit das in großem Stil zur Anwendung gekommene Mittel der hohen Politik, durch Verschwägerung der führenden Familien eine festgefügte Partei zu gründen, die darauf eingeschworen war, die Macht ihrer Mitglieder zu festigen und zu steigern. Ursprünglich nur zur Unterstützung einzelner regierender Häuser ausersehen, haben diese Ehen schließlich das Ende des Ständekampfes gebracht, begünstigten sie die Einigung Italiens und blieben innerhalb der neuen Nobilität ein immer wieder geübter Brauch zur Erhaltung der Standesherrschaft. Die Frauen waren die unentbehrlichen, aber unmaßgeblichen Mittelspersonen zur Verwirklichung dieses Zieles. Zuweilen wurde auch der Versuch gemacht, den Besitz der Macht auf eine einzige Familie zu konzentrieren, was man durch Vollziehung zahlreicher Verwandtenheiraten zu unterstützen gedachte. Namentlich in der Familie der Scipionen war es häufig der Fall, daß man die Töchter von nächsten Blutsverwandten zur Frau nahm [2]). Bei der Erwägung, daß die Sage ähnliche Verhältnisse von der königlichen Familie der Tarquinier berichtet [3]) und durch einen Vergleich mit der Tradition der hellenistischen Königshäuser (etwa mit der Ptolemäerdynastie, auf die mit Recht schon Münzer S. 101 hingewiesen hat) erscheint diese „Abschließung des vornehmsten römischen Adelsgeschlechtes" (Münzer a. a. O.) fast als ein im 2. Jahrhundert auftauchendes, an monarchische Formen erinnerndes dynastisches Streben innerhalb der Republik, während in den Ehebündnissen zwischen verschiedenen Familien der führenden Schicht der aristokratische Charakter der römischen Republik voll zum Ausdruck kommt. Der Zusammenschluß einzelner Adelsfamilien sollte die im Rahmen der Republik mögliche Herrschaft über den Staat gewährleisten.

Nicht immer wurde dieser Sinn des gemeinsamen Vorgehens erfüllt; ja in Rom standen sich manchmal Mitglieder ein und desselben Familienverbandes als Todfeinde gegenüber, wie die beiden Enkel des Scipio Africanus, Scipio Nasica und Tiberius Gracchus.

---

1) Münzer S. 51, 1 und 231.

2) Münzer S. 102.

3) „Samtherrschaft des tarquinischen Geschlechts" (Münzer S. 52).

In zahlreichen Fällen vom Ende der Republik bedeutete Auflösung der Verschwägerung die Ankündigung der politischen Befehdung.

Im allgemeinen erwies sich das traditionelle Mittel der politischen Heirat als äußerst wirksam in der Anbahnung wertvoller Beziehungen, in der Verfolgung politischer Ziele. Der Besitz einer Tochter, die man dem Gesinnungsgenossen, dem versöhnten Feind[1]), dem gefährlichen Nebenbuhler[2]) zur Frau geben konnte, war ein nie unterschätzter Faktor in der Reihe der zur Verfügung stehenden Hilfsmittel der römischen Politik. Die hohe Bedeutung, die dabei naturgemäß auch der Frau zukam, läßt es zu, schon hier von einer politischen Wirksamkeit der Frau zu sprechen. Überdies war hier eine sichere Grundlage, von der aus zu einer aktiven Einflußnahme auf die Politik weiterzuschreiten in Anbetracht der überaus günstigen sozialen und rechtlichen Verhältnisse ein Leichtes war.

Für das letzte Jahrhundert der Republik ist eine äußerst starke Verbreitung der politischen Heiraten ersichtlich. Der Grund dafür ist ersichtlich nicht nur in der reicheren, geschlosseneren Überlieferung zu sehen. Es war die Zeit, wo die ungeheuere Anspannung aller Kräfte auch eine gesteigerte Anwendung der traditionellen Elemente der Politik bedingte. Im Kampf der Oligarchie um ihre Selbstbehauptung war der enge Zusammenschluß der Familien zu einer einheitlichen Front eines der wirksamsten Gegengewichte gegen die vorwärtsdrängenden monarchischen Bestrebungen. Aber auch die Vorkämpfer der Alleinherrschaft suchten auf demselben Wege über die politische Heirat den Widerstand wenigstens eines Teiles des Adels zu brechen oder auch seine Unterstützung zu finden. Eheschließungen waren hier von höchster politischer Bedeutung, um so mehr als man jetzt auch auf eine tätige Mitwirkung der Frauen rechnen konnte.

Gegen Ende der Republik erscheint dazu ein neuer Gesichtspunkt in der Bewertung der Frau. Es sind verschiedene Aussagen erhalten, die es glaubhaft erscheinen lassen, daß man nicht nur an den Einfluß der Tradition auf die politische Gesinnung, sondern an eine direkte Vererbung der politischen Anschauung dachte. Schon immer hatte ja der Angehörige des Adels als „Erbe der

---

1) Sempronia, wahrscheinlich Enkelin des Gaius Gracchus ist vermählt mit D. Iunius Brutus.

2) Caesar gab seine Tochter dem Pompeius zur Frau (Sueton, Iulius 27, 1). S. unten den Abschnitt über Iulia, die Tochter Caesars.

Tüchtigkeit des Nobilitätsbegründers" gegolten[1]). Daß man auch die Möglichkeit dieser Vererbung durch die Frau, von mütterlicher Seite her, in Betracht zog, war wohl auch früher der Fall, wurde aber jetzt erneut und mit Nachdruck zu Bewußtsein gebracht. Damit verband sich natürlich unausgesprochen die Forderung nach der Wahl der Gattin unter diesem Gesichtspunkt. Dieses Besinnen auf letzte Möglichkeiten zur Erhaltung des Standes ist ein deutlicher Ausdruck der Gefahr, von welcher sich die römische Nobilität bedroht sah, um so mehr, als zum ersten Male der leidenschaftlichste Vorkämpfer des aristokratischen Regimentes, Cicero, diesem Gedanken Ausdruck verlieh. Cicero war es, der die Abstammung des Brutus von Servilia, der Tochter aus dem Hause des republikanischen Freiheitshelden immer wieder betonte, mit um so größerer Berechtigung und Wirkung, als ja die Tat des Brutus die Wirksamkeit eines (von beiden Eltern) ererbten Tyrannenhasses zu beweisen schien[2]). Dazu kam bei Brutus noch der Gedanke an eine durch Erbe von Vater und Mutter überkommene Schicksalsbestimmung. Auch Plutarch hebt hervor, daß Brutus von Natur aus, durch Erbanlage vom väterlichen und mütterlichen Hause her bestimmt war, den Sturz der Alleinherrschaft herbeizuführen[3]). Noch eindeutiger erweist die bekannte Episode des Frauentausches zwischen Cato und Hortensius die Auffassung von der Frau als Trägerin des ideellen Erbgutes ihrer Familie. Der Sohn des Hortensius aus seiner Ehe mit Lutatia war mißraten, Hortensius selbst betrachtete sich als kinderlos und wünschte sich andere Söhne[4]). Als einer der aufrichtigsten Bewunderer Catos hatte er sich dessen Tochter, obwohl sie mit Bibulus verheiratet war, als Mutter seiner Kinder ausersehen[5]). Den Menschen werde das freilich ungeheuerlich erscheinen, aber in Wirklichkeit sei es gut und auch im Interesse des Staates. Denn wenn eine Frau wie Porcia, die Tochter Catos, mehreren würdigen Männern ihre Nachkommen schenke, so trage

---

1) Gelzer, Die Nobilität der röm. Republik, S. 42.

2) Cic. Phil. X 4; vgl. II 26; II 27.

3) Plut. Caesar 62, 1.

4) Münzer S. 343.

5) Der Bericht des Plutarch ist ganz zuverlässig, da er Thrasea Paetus als Quelle benützt, der seinerseits wieder auf einen Freund und täglichen Gesellschafter Catos, auf Munatius Rufus, zurückgeht: Plut. Cato min. 25, 1. Siehe auch Münzer S. 343.

sie zur reichen Vermehrung und Verbreitung guter Eigenschaften unter den Adelsfamilien bei. Zweifellos war es auch Hortensius nur um das politische Bündnis mit Cato zu tun, wie er ja anschließend selbst durchblicken läßt, besonders aber nach der Verweigerung Porcias durch seine Ehe mit Marcia, der Gattin des Cato, die doch mit diesem nicht in Blutsverwandtschaft steht, deutlich zu erkennen gibt. Aber in der Motivierung seiner Werbung um Porcia, bei ihm vielleicht der Ausdruck eines gewissen Feingefühls gegen die Frau, die man nicht mehr als bloßes Mittel zum politischen Zweck ansprechen will, ersehen wir deutlich das Vorhandensein einer neuen Anschauung. Es ist ein überzeugendes Argument zur Förderung der adeligen Heiratspolitik, das im Kampfe um die Erhaltung der Aristokratie von denkenden Köpfen jetzt neu progagiert wurde. Jedoch ist seine Wirksamkeit nur vereinzelt vermutungsweise anzunehmen. Nach wie vor blieb ohne Verschleierung und Beschönigung der unmittelbar sich auswirkende politische Vorteil das ausschlaggebende Moment in den Eheschließungen der politischen Kreise Roms.

## III. Der politische Einfluß der Frau im letzten Jahrhundert der römischen Republik.

Die römische Geschichtschreibung überliefert schon für die früheste Zeit ein bedeutendes, auf politischem Gebiet erfolgtes Wirken und Handeln verschiedener Frauen. In der Frage nach dem historischen Wert dieser äußerst reizvollen, aber mehr oder weniger sagenhaften Erzählungen hat man sich jedoch noch nicht einstimmig für eine bestimmte Lösung entschieden. Die folgende Untersuchung beschränkt sich darauf, die politische Wirksamkeit der Frauen aus der historisch besser erfaßbaren Zeit des letzten Jahrhunderts der Republik darzulegen.

Den Auftakt für die Entwicklung der politischen Rolle der Römerin bildet ein Ereignis aus dem Beginn des 2. Jahrhunderts. Es handelte sich darum, ob das im Jahre 215 erlassene Gesetz über die Beschränkung des Aufwandes der Frauen, die Lex Oppia, erhalten oder abgeschafft werden sollte (195 v. Chr.). Mit großer, allerdings vielfach rhetorisch bedingter Anschaulichkeit schildert Livius [1]), wie die Frauen in täglich vermehrten Scharen zum Versammlungsplatze drängten und in erregten Bitten und Rufen von den Beamten die Zurücknahme des Gesetzes forderten und schließlich trotz Catos Schmährede auch erreichten. Hier liegt also wirklich ein Eingreifen von Frauen in den Gang der politischen Ereignisse vor. Dennoch ist es nicht möglich, in den Vorgängen des Jahres 195 einen Weg zu erkennen, auf welchem sich eine politische Stellung der Römerin hätte entwickeln können. Catos Befürchtung, die er bei diesem Anlaß äußerte: „Sobald die Frauen anfangen uns gleichgestellt zu sein, sind sie uns auch schon überlegen“, muß für die damalige Zeit übertrieben erscheinen [2]). Das frauenrechtlerische Element, das zweifellos in jenem recht tumultuarischen Vor-

1) Livius XXXIV, 1 ff.

2) Livius XXXIV, 2.

gehen der Frauen gegen das oppische Gesetz zum Vorschein kam, konnte sich in Rom nicht durchsetzen. Die Verfassung begünstigte es nicht im geringsten. Aber auch die Frauen selbst zeigen nicht große Neigung, es für sich in Anspruch zu nehmen. Tatsächlich ist im ganzen Verlauf der römischen Geschichte keine gemeinsam von den Frauen erstrebte politische Stellung verwirklicht worden. In privatrechtlicher Beziehung erhielten sie ohne ihr Zutun weitestgehende Zugeständnisse. In ihrem Tun und Lassen war die Frau mehr an die Familie gehalten als an Zugeständnisse oder Verbote des Staates, so daß ihre Forderungen nicht an diesen ergingen. Auch war die Kluft zwischen den Ständen und die Gegnerschaft unter den führenden Familien zu groß, das Standesbewußtsein und der Familiensinn der Römerin aber zu stark, als daß sich die Frauen je auf ein einheitliches Ziel hin hätten einigen können. Eine solche Entwicklung ist für Rom undenkbar. Schließlich war es auch nur die Masse der reichen Römerinnen, gegen die sich die Lex Oppia richtete und die an seiner Beseitigung interessiert waren. Auch hätte sich bei einem politisch wichtigeren Gesetz die Regierung nicht so leicht zur Nachgiebigkeit bewegen lassen. So blieb der in demokratischen Formen sich auswirkende politische Einfluß der Römerin auf ein Ausmaß beschränkt, das selbst der in strenger Untergeordnetheit lebenden Griechin manchmal Einfluß auf politische Ereignisse gewährte[1]). Immerhin tritt dabei in Erscheinung, daß die Römerin sich getraute, auch den Staatsmännern gegenüber ihre Forderungen zu vertreten; der erfolgreiche Ausgang gab Ermutigung für ähnliche Fälle[2]).

## Cornelia, Mutter der Gracchen.

Ungefähr in die Zeit der Kämpfe um die Lex Oppia fällt die Geburt[3]) jener Frau, die als erste Römerin aus historisch gesicherter

1) Th. Birt, Frauen der Antike (Leipzig 1932) S. 43 ff. vermutet, daß die Situation der aristophanischen Lysistrate, das Zusammenrotten der Frauen um Friedensschluß zu erzwingen, einer historischen Grundlage nicht entbehre; zur Begründung werden noch einige weitere Fälle angeführt, wo wir Frauen „gemeinsam in Aktion sehen".

2) Vgl. die Auflehnung der 1400 reichen Frauen gegen die von den Triumvirn auferlegte Kriegssteuer: Appian, b. c. IV 32 und 33.

3) J. Carcopino, Autour des Gracques (Paris 1928) S. 69 setzt die Geburt Cornelias in das Jahr 191.

Zeit in dem Rufe steht, ihren Einfluß in der großen Politik geltend gemacht zu haben. Es ist Cornelia, die Mutter der Gracchen.

Cornelia war die Tochter des P. Cornelius Scipio Africanus Maior und der Aemilia Tertia, einer Tochter des bei Cannae gefallenen L. Aemilius Paulus. Sie entstammte also dem Hochadel des römischen Senatorenstandes, ja mehr noch, sie war die Tochter des Mannes, der als erster unter den Römern der Republik ein nahezu königliches Ansehen genoß und für ein Jahrzehnt die Geschicke des römischen Staates nach seinem Willen leitete. Diese Abstammung allein schon bedingte eine gesteigerte politische Interessiertheit und alles, was über den Einfluß des römischen Elternhauses auf die politische Erziehung und Gesinnung gesagt wurde, muß in erhöhtem Maße vom Hause des großen Scipio gelten[1]). Hier war der Sammelpunkt aller politischen und militärischen Ideen, zugleich der Wohnsitz des ersten und größten Philhellenen unter den Römern, wo aber auch die frühen Dichter der Römer fördernde Gastfreundschaft erfuhren[2]). Doch Cornelia erlebte auch den Sturz ihres Vaters, ein Ereignis, das ihren Blick schärfte für die Geheimnisse der römischen Innenpolitik, für die Politik und die Intrigen der Gentes und des Senatorenstandes. Das große Verantwortungsbewußtsein, das wir später an ihr beobachten und die Eigenschaft, Unternehmungen vor der Inangriffnahme auf ihren Erfolg hin zu prüfen, mögen durch das einprägsame Erlebnis der Jugend geweckt oder gestärkt worden sein.

Beim Tode ihres Vaters (183) war Cornelia noch unverlobt. Wenigstens Polybius (und nach ihm Plutarch) überliefert, daß Cornelias Verlobung erst nach dem Tode des Africanus stattfand[3]). Ein anderer Zweig der Überlieferung dagegen berichtet, daß Scipio Africanus selbst seine Tochter dem Tiberius Sempronius Gracchus verlobte, einem seiner Feinde, wie es heißt, zur Belohnung für sein edelmütiges Verhalten bei der drohenden Inhaftierung des Lucius Scipio[4]). Aber hier handelt es sich zweifellos um eine fälschlich auf den Vater Gracchus übertragene Parallelerzählung zu einer

---

1) Starker Eindruck, denn Cornelia erzählte noch nach dem Tode ihrer Söhne davon: Plut. C. Gracchus 19, 1—3.

2) M. Krüger, Gens Cornelia (Breslau 1929) II. Teil S. 61; Hubel, Die Brieffragmente der Cornelia (Diss. Erlangen 1900) S. 2.

3) Polyb. XXXII 13, 1 ff.; Plut. Ti. Gracchus 1, 1; 4, 1.

4) Livius XXXVIII 57, 3; Val. Max. IV 2, 4; Gellius XII 8, 1—4; Dio frgm. 62.

vielleicht ebenfalls erfundenen[1]) Anekdote über die Heirat des jüngeren Tiberius Gracchus[2]). Andererseits betont Polybius, durch seine nahen Beziehungen zum Hause der Scipionen der glaubwürdigste Zeuge, ausdrücklich, daß Cornelia nach dem Tode des Africanus auf Beschluß der Familie mit Gracchus verlobt wurde.

Tiberius Sempronius Gracchus, der für Cornelia von der Familie ausersehene Gatte, war der bedeutendste Vertreter eines schon seit dem 4. Jahrhundert zur Nobilität gehörenden plebejischen Geschlechts. Während des asiatischen Feldzuges im Gefolge der Scipionen, hatte er den vertrauensvollen Auftrag der Führer, Philipps V. Stimmung und den Rüstungszustand seines Landes zu erkunden, in äußerst kurzer Zeit zu voller Zufriedenheit erledigt. Jedoch in seiner Parteistellung gehörte er nach sempronischer Tradition[3]) dem claudisch-fulvischen Kreise an, war also ein politischer Gegner der Scipionen[4]). Persönlich aber war er von tiefer Bewunderung für Scipio Africanus erfüllt, war der einzige seiner Zeit, der des großen Mannes wahres Wesen und überragende Bedeutung erkannte[5]). Als im Jahre 184 die eifersüchtige Politik der Scipionengegner zu dem unwürdigen, freilich oft gebrauchten Mittel einer Bestechungsanklage schritt, da hat Tiberius Sempronius Gracchus durch seinen Einspruch eine Kerkerhaft des Lucius Scipio Asiaticus verhindert. Außerdem versprach er die Niederschlagung des Prozesses für den Fall, daß Scipio Africanus sich ins Privatleben zurückziehe. Damals schon hatte der Volkstribun Ti. Gracchus trotz seiner Versicherung unveränderter politischer Gegnerschaft[6]) eine Annäherung nicht an die Partei, wohl aber an die Familie des Scipio angebahnt[7]). Einige

---

1) Münzer S. 268 f., 1: Die Erzählung von der Verlobung des jungen Augurs die fälschlich auf seinen Vater übertragen wurde, ist so glaubwürdig, wie eine Anekdote nur sein kann. Dagegen Mommsen, Röm. Forschungen II 478, 129; 492, 152.

2) Plut. Ti. Gracchus 1, 1.

3) W. Schur, Scipio Africanus S. 113—116; ders. Hermes 59, S. 471 f.

4) Livius XXXVIII 52; Val. Max. IV 3, 2; Gellius VI 19, 6; Seneca, Controv. V 2, 3; Plut. Ti. Gracchus 1, 1.

5) Schur, Scipio Africanus, S. 94 und 103.

6) Livius XXXVIII 60, 3—7; Cic. prov. cons. 18.

7) Die Tatsache, daß Polybius nichts von einer Feindschaft zwischen Gracchus und Africanus berichtet, mag aus diesem wohlwollenden Verhalten und der späteren Verschwägerung des Tiberius zu erklären sein. Nicht darf man deshalb das Vorhandensein einer politischen Gegnerschaft überhaupt leugnen wollen

Jahre später[1]) beschlossen die Angehörigen dieser Scipionenfamilie, Tiberius Sempronius Gracchus als Gatten für die Tochter des Mannes zu gewinnen, für den er als Tribun so erfolgreich eingetreten war. Tiberius war zu dieser Zeit einer der bedeutendsten Senatoren, auf der Höhe seiner Laufbahn angelangt[2]). Für ihn war die Gewinnung fördernder Beziehungen nicht mehr nötig. Aber seiner ehrenvollen Stellung mußte die Vereinigung mit der Tochter des hochberühmten, schon fast sagenhaft verehrten Scipio Africanus noch besonderen Glanz verleihen. Vielleicht auch war in dieser Eheschließung das politische Moment von seiner Seite aus weniger ausschlaggebend, wie man namentlich aus dem häufig erwähnten glücklichen Verhältnis der beiden Gatten[3]) schließen möchte. Die politische Macht der Scipionen aber war durch die voraufgegangenen Prozesse und den Sieg der Gegenpartei geschwächt, immerhin nicht ganz geschwunden und, wie aus dem bald darauf erfolgten neuen Erstarken ersichtlich, noch immer lebenskräftig. Die Verbindung mit dem einflußreichen und hochangesehenen Tiberius Sempronius Gracchus mußte den Wiederaufstieg der Scipionenpartei nur begünstigen.

Auch Cornelias politische Bedeutung beginnt somit mit dem Dienst an ihrer Familie in einer von politischen Gesichtspunkten getragenen Eheschließung. Aber während darin die politische Wirksamkeit der meisten Frauen vor ihr sich erschöpfte, bedeutete dies für Cornelia nur deren Anfang.

Noch bevor die Politik ihrer Söhne jene weltgeschichtliche Revolution innerhalb des römischen Staates hervorrief, hatte sie eine

---

(Carcopino S. 57 ff. und 81). Die Stellung des Tiberius innerhalb des claudisch-fulvischen Kreises spricht zu deutlich gegen diese Annahme.

1) Es ist unnötig, mit Mommsen (Röm. Forsch. II 492 f., 158) die Verheiratung Cornelias nur 1 oder 2 Jahre vor der Geburt des Tiberius anzusetzen. Mommsen datiert so, weil Tiberius den Namen des Vaters führt. Es ist aber überliefert, daß Cornelia 12 Kinder gebar (Plin. nat. hist. VII 57), etwa in der Zeit von 165 (nach Mommsen) bis 154. Da von diesen nur drei am Leben blieben (Plut. Ti. Gr. 1, 3), war Tiberius wohl nicht der erstgeborene Sohn, sondern nur der erste Sohn, der nach dem Tode eines frühergeborenen Bruders den Namen des Vaters erhielt und am Leben blieb. — Carcopino a. a. O. S. 66 errechnet aus den Ämtern des Tiberius mit Hilfe der Lex Villia annalis ungefähr das Jahr 177 für die Eheschließung des Tiberius Sempronius Gr. mit Cornelia. Bis dahin hatte Tiberius eine glänzende Laufbahn hinter sich (siehe Münzer, R.-E.² VI 220, 1). Im Jahre 177 war er Konsul.

2) Münzer, R.-E.² VI 220, 1.

3) z. B. Cic. de div. I 36.

Stellung inne, die sie weit über das römische Volk hinaus auch der östlichen Welt bekannt werden ließ. Das erhellt klar aus einer Episode, die bei Plutarch überliefert ist[1]). Es heißt dort, daß Cornelia ihrem verstorbenen Gatten solche Treue bewahrt habe, daß sie selbst die Werbung des Ptolemaios (VIII. Euergetes II. Physkon)[2]) ausschlug. Diese Nachricht von der Werbung des ägyptischen Thronfolgers um die Hand Cornelias findet sich nur bei Plutarch. Aber es besteht kein Grund, sie wegen dieser Einmaligkeit als unecht abzutun. Schon die äußere Form der Erzählung läßt den Gedanken der Erfindung nicht aufkommen. Plutarchs Quelle zum mindesten muß eine ganz sichere Behauptung dieser Tatsache enthalten haben. Denn entgegen seinem Brauch in Fällen der Unsicherheit über eine Aussage, wird hier der historische Wert der Stelle nicht beeinträchtigt durch ein λέγεται oder ὥς λέγουσιν u. ä.[3]), sondern sie erweckt durchaus den Anschein einer völlig glaubwürdigen, allgemein bekannten Tatsache. Überdies ist es möglich, eine passende zeitliche Einordnung des Ereignisses herzustellen.

Ptolemaios war zweimal in Rom, in den Jahren 162 und 154[4]). Bei seiner ersten Anwesenheit in Rom war Cornelia bereits die Gattin des Tiberius Gracchus, 154 müßte sie also schon Witwe gewesen sein. Es wird berichtet, daß Tiberius, der Sohn, bei seinem Tod im Jahre 133 noch nicht ganz 30 Jahre alt und sein Bruder Gaius 9 Jahre jünger gewesen sei[5]). Wir dürfen annehmen, daß Tiberius noch im Jahre 133 sein 29. Lebensjahr vollendet hätte, daß er also 163 geboren wurde. Somit ergibt sich für die Geburtszeit des Gaius das Jahr 154. Sein Vater starb kurz vorher oder nachher[6]). Der zweite Aufenthalt des Ptolemaios in Rom wird von

---

1) Tib. Gracchus I 3.

2) R.-E.[2] IV 1593.

3) Vgl. Plut. Ti. Gracchus 1, 2; 9, 4; 21, 1; C. Gracchus 1, 4; 5, 2; 13, 1; 16, 2.

4) Bouché-Leclercq, Histoire des Lagides (1904) II. Bd. S. 34 f. und 42.

5) Plut. Gaius 1, 1; Ti. Gracchus 1, 3.

6) Dies wird allgemein angenommen, weil man nach 154 nichts mehr von ihm hört. Von Carcopino S. 80 wird es als erwiesen betrachtet, weil Tiberius, der Vater, auf das Schlangenorakel (Plin. nat. hist. VII, 122) geantwortet habe, er wolle sterben, Cornelia aber dürfe nicht sterben, da sie noch Kinder gebären könne. Dies habe Tiberius nicht gesagt mit Rücksicht auf die Kinder, die Cornelia noch einem zweiten Gatten schenken könnte, sondern in Anbetracht des schon zu erwartenden Gaius.

Polybius ins zweite Jahr der 156. Olympiade angesetzt, kurz vor dem Abmarsch des Konsuls Opimius gegen die Oxybier[1]). Auch damit kommen wir in das Jahr 154. Erst seit dem Jahr 153 aber begann das Konsulat am 1. Januar, das Konsulat des Opimius erstreckte sich also noch über die ersten Monate des Jahres 153. Die Anwesenheit des Ptolemaios in Rom kann daher für Ende 154, ja sogar Anfang 153 festgelegt werden, also in eine Zeit, wo selbst die für eine Wiederverheiratung Cornelias vorgeschriebenen zehn Monate[2]) seit dem Tode des Tiberius Gracchus bereits verstrichen sein konnten.

Sowohl die Witwenschaft Cornelias im Jahre 154, als auch die Anwesenheit des Ptolemaios in Rom um diese Zeit lassen sich somit nachweisen. Infolgedessen besteht für eine Werbung des ägyptischen Prinzen um Cornelia durchaus die größte Möglichkeit. Die politischen Ereignisse des Jahres 154 unterstützen diese Behauptung auf das entschiedenste. Ein Jahr vor seiner Reise nach Rom hatte Euergetes II. als Herr von Kyrene ein Testament verfaßt, in welchem er die ganze ihm zukommende(!) Königsherrschaft den Römern vermachte[3]): „Wenn mir etwas Menschliches zustößt, ehe ich Thronerben hinterlasse, so vermache ich die mir gebührende Herrschaft den Römern.“ Dieses Testament war eine diplomatische Vorbereitung seines Bittganges nach Rom[4]). Wenn etwas den Senat gegen das überraschende Angebot mißtrauisch machen mußte, so war es die Klausel des Testamentes, besonders in Anbetracht der großen Jugend des Testators, der damals im 30. Lebensjahre stand. Man wird in Rom Ptolemaios gegenüber aus diesem Mißtrauen kein Hehl gemacht haben. Ptolomaios sah, daß sein jugendliches Alter den

1) Polyb. XXXIII 10, 1.

2) Carcopino a. a. O. S. 70.

3) Literatur zu diesem Testament: Ulr. Wilcken, Das Testament des Ptolemaios von Kyrene vom Jahre 155 v. Chr. (S.B. d. Preuß. Ak. Phil.-Hist. Kl. 1932, XIV); W. Schubart, Gnomon 1932, 283; Bickermann ebda. 424 ff.; Leopold Wenger, Zum Testamente des Ptolemaios Neoteros von Kyrene (Festgabe für Riccobono, Palermo 1932); Heinz Winkler, Rom und Ägypten im 2. Jahrhundert vor Christus (Diss. Leipzig 1933).

4) Ptolemaios hatte im Streit um den aegyptischen Thron von seinem Bruder schließlich unter römischem diplomatischen Einfluß Cypern als Herrschaftsgebiet eingeräumt bekommen (162 v. Chr.); wieder daraus vertrieben (155), wandte er sich nach Rom. Mit Roms Hilfe wollte er sich den Besitz Cyperns und die Nachfolge in Aegypten sichern. Vgl. Winkler S. 52, 56, bes. 59 und die Literatur zum Testament von Kyrene.

Wert seines Testamentes beeinträchtigte, da man schwerlich an seine dauernde Ehelosigkeit glauben konnte[1]). Er griff zu einem anderen Mittel, sich das Wohlwollen der einflußreichen Kreise zu verschaffen, indem er sich um die Hand einer Dame aus höchstem römischen Adel bewarb. Zwar ist die Behauptung Münzers[2]), daß Ptolemaios Cornelia „mit seiner Hand nach ptolemäischem Hausgesetz auch die Hälfte seines Königstums“ antrug, unhaltbar[3]). Aber eine Römerin auf dem Throne Ägyptens mußte der römischen Regierung, zumal bei den Beziehungen dieser Frau zum höchsten Adel, den größtmöglichen Einfluß auf die Politik Agyptens in Aussicht stellen, um so sicherer, als gerade im Hause der Ptolemäer die Selbstherrlichkeit und politische Betätigung der Frau von jeher großen Spielraum besaß. Auch über etwaige Nachkommen aus dieser Ehe des Ptolemäers mit einer römischen Aristokratin durfte die römische Staatsleitung mächtigen Einfluß ausüben zu können glauben. Diese Überlegung und die dringende Notwendigkeit, Roms Hilfe für sich zu gewinnen, veranlaßten den Ptolemäer, eine verwandtschaftliche Verbindung mit dem politischen Adel Roms anzubahnen. Der Gegenstand nun dieser hochpolitischen Spekulation des Ptolemaios war Cornelia, die Tochter des Scipio Africanus, Witwe des Tiberius Gracchus. Sie nahm also in seinen Augen die Stellung ein, die etwa eine hellenistische Königstochter innehatte; als die bedeutendste Frauengestalt der römischen Gesellschaft erschien sie ihm ebenbürtig den Fürstinnen der östlichen Reiche. Sie war eine der hervorragendsten Frauen in Rom, ausgezeichnet durch den Ruhm ihrer Ahnen und den ungetrübten Glanz ihrer Familie, gehoben durch die zahlreichen Ehrungen ihres Mannes, nicht zuletzt aber durch die Eigenart ihrer Persönlichkeit eine der glänzendsten Erscheinungen der römischen Nobilität. Das Haus dieser reichbegabten und gebildeten Frau stand gastlich zahlreichen Freunden offen; Griechen und Gelehrte waren immer um sie[4]) und mit vielen Königen, wie Plutarch sagt, stand sie in regem Geschenkaustausch[5]). So kam

1) Bei den Ptolemäern besitzen nur legitime Kinder Erbanspruch, vgl. Strack S. 103.

2) Münzer S. 101.

3) V. Ehrenberg, Der griechische und der hellenistische Staat, S. 74 und 75.

4) Vell. Paterc. II 7, 1; Sen. cons. ad Marc. 16, 3; ad Helv. 16, 6; Oros. V 12, 9; Plut. C. Gracchus 19, 1—3.

5) Plut. C. Gracchus 19, 2: ἁπάντων δὲ τῶν βασιλέων καὶ δεχομένων παρ' αὐτῆς δῶρα καὶ πεμπόντων. Gewöhnlich als falsche, übertreibende Nachricht von der

es, daß ihr Ruf weit über die Grenzen Roms und Italiens hinausgedrungen war und daß Ptolemaios in seinen politischen Berechnungen auf sie hingewiesen wurde. Aber Cornelia machte den Plan des Ptolemäers zunichte, indem sie seine Werbung zurückwies[1]. Sie verzichtete darauf, als Römerin auf den Thron Ägyptens zu gelangen, was wohl nicht so sehr die ägyptische Politik Roms als vielmehr die durch ihre Söhne stark beeinflußte römische Innenpolitik in wesentlich andere Bahnen geleitet hätte.

Cornelia sah seit dem Tode ihres Gatten ihre vorzüglichste Aufgabe in der Erziehung ihrer Kinder[2]. Namentlich ihre beiden Söhne sind ganz unter ihrem erzieherischen Einfluß herangewachsen, Tiberius seit seinem zehnten Lebensjahre, Gaius schon von Geburt an. Die glänzende Rednergabe, der nicht zuletzt beide einen großen Teil ihrer Wirksamkeit verdankten, war ein Erbteil der Mutter[3], wirksam gefördert durch den ständigen Umgang mit dieser geistig überragenden Frau. Wenn sich nachweisbar griechische, besonders hellenistische Ideen in dem Lebenswerk der beiden Gracchen verwirklicht finden[4], so mögen sie zum Teil der Anschauungswelt der im griechischen Geistesleben bewanderten Tochter des Africanus entstammen, mehr noch aber den Lehren der Erzieher, die sie aus eben ihrer persönlichen Vorliebe und Neigung heraus ihren Söhnen gab, des Diophanes von Mytilene und besonders des Blossius von Cumae[5]. In dieser Erziehung, die Cornelia den Söhnen zuteil werden ließ und in ihrer direkten Einwirkung auf deren innere Entwicklung wird einmal der Einfluß einer Frau auf die politische Zielsetzung von ihr nahestehenden Staatsmännern deutlich sichtbar. Eine Folge dieser geistigen Abhängigkeit der Gracchen von ihrer Mutter Cornelia mußte eine innige Verbundenheit dieser Menschen in allem Tun und Handeln sein. In der Tat erscheint Cornelia stets in engstem Zusammenhang mit dem Lebenswerk ihrer Söhne[6].

---

Werbung des Ptolemäers erachtet; denn βασιλεύς = Vornehmer, Adeliger, für Plutarch nicht nachweisbar (vgl. Liddell-Scott I 309). Aber man darf vielleicht doch an verschiedene Könige der kleinen östlichen Reiche denken.

1) Plut. Ti. Gracchus 1, 3; sie wird deshalb auch mit Penelope verglichen (Aelian varia hist. XIV 45, 1).

2) Plut. Ti. Gracchus 1, 3; Cic. Brut. 25, 96; 27, 104; Tac. dial. 28.

3) Cic. Brut. 104 und 211; Quint. de instit. orat. I 1, 6.

4) F. Taeger, Tiberius Gracchus (Stuttgart 1928) S. 17 ff.

5) Plut. Ti. Gracchus 9, 3; Cic. Brut. 104.

6) Vgl. das Zeugnis des Gaius Gracchus selbst bei Cic. de oratore III 214 (56)!

Noch bevor Tiberius und Gaius Gracchus mit ihren umwälzenden Plänen und Unternehmungen das römische Staatsleben beherrschten, hatten sie schon einen Schritt unternommen, der sie in Gegensatz brachte zu einer der wichtigsten Adelsparteien, zu dem der verwandten Familie der Scipionen. Es ist die Heirat des Tiberius und des Gaius, die wie jede der römischen Eheschließungen durch politische Interessen zustandekam. Auch die Frauen der Gracchen sind wie die meisten Römerinnen der führenden Familien wichtige Faktoren in der Politik ihrer Väter und Gatten. Nachdem Sempronia, die Schwester der Gracchen, im Jahre 147 [1]) Scipio Aemilianus geheiratet hatte, vermählte sich Tiberius 143 mit Claudia, der Tochter des Appius Claudius Pulcher, eines bekannten Gegners des Scipio Aemilianus [2]). (Es ist derselbe Claudius, der im gleichen Jahre 143 mit Hilfe seiner Tochter, der Vestalin Claudia, den Triumph über die Salasser erzwang [3]).) Außerdem fand im gleichen Jahre die Vermählung einer Kusine Claudias (Licinia, Tochter der Clodia, einer Schwester des Appius Claudius) mit C. Sulpicius Galba statt, der von seinem Vater die Feindschaft gegen Aemilius Paullus und seinen Sohn Scipio Aemilianus als Erbe überkam [4]). Tiberius trat somit auf die Seite der Gegner seiner mütterlichen Familie, zugleich erklärte er sich als Fortsetzer der Politik seines Vaters [5]). Zehn Jahre später vollzog Gaius denselben Schritt, indem er sich mit Licinia, der Schwester jener mit Sulpicius Galba verheirateten Licinia, Kusine von Tiberius Frau, vermählte [6]); ja Münzer vermutet, daß dieser Schritt schon damals im Jahre 143 durch die Verlobung des Tiberius vorbereitet wurde [7]). Es wäre nun von größter Wichtigkeit, den Anteil Cornelias an diesen offensichtlich gegen ihre väterliche Familie gerichteten Vorgängen zu kennen. Das Oberhaupt der Familie war damals Scipio Aemilianus selbst [8]). Es ist nicht

---

1) Nach Plut. Ti. Gracchus 4, 2 waren Scipio Aemilianus und Tiberius Gracchus 146 bereits verschwägert.

2) Münzer, S. 257; Cic. rep. I 31.

3) Siehe oben S. 15.

4) Münzer, S. 266 ff.

5) Der Vater der Gracchen war zusammen mit C. Claudius Pulcher Konsul (177) und Censor (169) gewesen (R.-E.² VI 220 ff.).

6) Plut. Ti. Gracchus 21, 1 ff.

7) Münzer, S. 269.

8) Ersichtlich daraus, daß er die Verwaltung des Testamentes der Witwe des Africanus hatte (Polyb. XXXII 13, 1 ff.).

anzunehmen, daß er um seine Einwilligung gefragt wurde. Die Überlieferung besagt, daß Appius Claudius Pulcher sich Tiberius Gracchus selbst zum Schwiegersohn erwählt habe[1]). Dieser suchte also den begabten Neffen seines Feindes auf seine Seite zu ziehen, den Sohn des ehemaligen Anhängers der Claudier für seine Partei zu erhalten. Bei Cornelias enger Verbundenheit mit ihren Söhnen dürfen wir wohl annehmen, daß sie die Verbindung mit den Claudiern zum mindesten nicht zu verhindern suchte. Wir können dies um so mehr vermuten, als wir auch Gaius, der, von Kindheit an unter ihrer Leitung, auch später noch in seiner Politik ihre mütterliche Autorität anerkannte, in die gleiche Familie eintreten sehen. Beide Gracchen sehen sich somit durch die Wahl ihrer Gattinnen schon vor Beginn ihrer eigentlichen politischen Laufbahn in die Gegnerschaft zu der damals von neuem erstarkten Scipionenpartei gedrängt. Auch Cornelia ist dadurch von ihrer angestammten Familie entfernt, andererseits aber um so bestimmter an die Seite ihrer Söhne gewiesen worden. Die Geschichte der Gracchen zeigt sie uns auch stets an diesem Platze.

Ihr Einfluß auf die Politik ihrer Söhne ist niemals geleugnet worden, doch sind Art und Umfang ihrer Wirksamkeit durch Parteitendenzen stark verzeichnet. Namentlich von seiten der gegnerischen Optimaten haben irreführende Übertreibungen in die historische Darstellung Eingang gefunden. Aber auch die Anhänger der Gracchen, die Popularen, haben zur Verwirrung des historischen Bildes beigetragen. Die entstellende Wirkung der Parteiliteratur geht so weit, daß Cornelia teils als Gegnerin ihrer Söhne, teils als in verbrecherischer Weise tätige Helferin geschildert werden konnte. So berichtet Plutarch eine Anekdote, derzufolge Cornelia in gefährlicher Weise den Ehrgeiz ihrer Söhne angestachelt habe, allerdings mit dem ausdrücklichen Vermerk, daß dies ein Argument der Gegner sei[2]). Man machte ihr den Vorwurf, daß durch ihre leidenschaftliche Anteilnahme am Werk des Tiberius dieser den Anfang zu seinem gewalttätigen Vorgehen gemacht habe[3]); ja schließlich bezichtigte man sie des Mordes an Scipio Aemilianus, wodurch sie den Sturz der Gesetze des Tiberius habe verhindern wollen[4]).

1) Plut. Ti. Gracchus 4, 1.

2) Plut. Ti. Gracchus 8, 7; Cic. de invent. I 91.

3) Plut. C. Gracchus 13, 1.

4) Appian b. c. I 20.

Andererseits herrschte in gegnerischen Kreisen teilweise die Anschauung, Cornelia habe die schärfste Mißbilligung für das Werk ihrer Söhne empfunden [1]). Dieser Auffassung haben sich namhafte moderne Forscher angeschlossen. Nipperdey [2]) kommt zu dem Schluß, daß Cornelia die Sache ihrer Söhne an sich wohl gebilligt, die Tatsache aber, daß gerade ihre Söhne jene Sache aufgenommen und auszuführen gedachten, durchaus getadelt, ja als Wahnsinn empfunden habe. Ed. Meyer [3]) ist der Ansicht, Cornelia sei keineswegs auf seiten ihrer Söhne gestanden, habe sich aber den unabänderlichen Tatsachen gefügt, eine Auffassung, die auch Münzer übernommen hat [4]).

Durch eine glückliche Fügung sind uns zwei Fragmente eines Briefes der Cornelia erhalten [5]), dessen Echtheit jetzt allgemein anerkannt ist [6]). Dieser Brief gibt Aufschluß über die Stellung Cornelias zum politischen Werk ihrer Söhne. Er muß überdies richtunggebend sein für eine Beurteilung der übrigen geschichtlichen Überlieferung von Cornelia. Er stammt aus der Zeit kurz vor Gaius Bewerbung um das Tribunat für 121 und enthält die flehentliche Bitte Cornelias, von einer Bewerbung abzustehen. Cornelia weiß, daß das Motiv der Rache eine Haupttriebkraft für die Bewerbung des Gaius ist; sie bekennt, daß es niemandem schöner noch begehrenswerter erscheine als ihr, Rache zu nehmen an seinen Feinden; wenn aber, wie im Falle des Gaius, die Ausführung der Rache den Staat in Gefahr bringe, dann müsse man davon abstehen. — Eine viel stärkere Erregung zeigt das zweite Fragment. Cornelia sagt, sie könne schwören, daß außer den Mördern des Tiberius keiner ihrer Feinde ihr so viel leidvollen Kummer verursacht habe wie Gaius, ihr Sohn. In bewegten Worten erinnert sie ihn an seine Pflicht, die er als das letzte ihrer Kinder in erhöhtem Maße besitze, ihren Lebensabend ruhig und sorgenfrei zu gestalten. In immer leidenschaftlicherem Tone stellt sie Frage auf Frage, deren jede den Zweck hat,

---

1) Plut. C. Gracchus 13, 1.

2) Opuscula (Berlin 1877) S. 104—109.

3) Kleine Schriften I 1910, S. 386.

4) R.-E². IV 1594.

5) Nepos frgm. 1 und 2.

6) Nipperdey a. a. O.; Schlelein, De epistolis Corneliae (Diss. München 1900); Hubel a. a. O.; Thiel, De Corneliae epistula (Mnemosyne 57, 1929) erbringen treffliche Beweise für die Echtheit.

ihm das Gefahrvolle und Schädliche seines Vorhabens einzuhämmern. Im plötzlichem Umschwung der Stimmung bittet sie in schmerzvoller Bitterkeit, mit der Ausführung seiner Pläne, mit der Bewerbung bis nach ihrem Tode zu warten, beschwört ihn aber gleichzeitig, auch das nicht zu tun, denn Zeit seines Lebens würde er im Bewußtsein seiner großen Schuld nie Ruhe und Zufriedenheit finden.

Das ist der Inhalt des Briefes der Cornelia. Wir bewundern daran den Scharfblick dieser Frau für die Beweggründe in dem Handeln ihres Sohnes und für die unausbleiblichen Folgen. Der das ganze Schreiben beherrschende Gedanke ist der, daß Gaius sich nie und nimmer um das Tribunat bewerben dürfe. Man hat darin nun den Beweis erblicken wollen für Cornelias Mißbilligung des Werkes ihrer Söhne und glaubte dadurch jene Nachrichten aus dem Altertum über die Gegnerschaft Cornelias zu ihren Söhnen aufs beste bestätigt zu sehen [1]). Da nun diese Interpreten die weiteren Nachrichten über Cornelia mit dieser von ihnen gedeuteten Grundhaltung des Briefes nicht vereinbaren konnten, haben sie jene Berichte teils für falsch erklärt, teils sich zu einem Kompromiß der beiden Richtungen entschlossen. Doch haben sie die „scheinbaren Inkonsequenzen der menschlichen Natur" [2]) nicht in Erwägung gezogen. Es ist in der Tat nur ein scheinbarer, also kein Gegensatz zwischen der Stellungnahme Cornelias, die aus ihrem Briefe und jener, die aus ihrem sonstigen Verhalten ersichtlich ist. Der Brief atmet nicht Feindseligkeit gegen Gaius, sondern die Angst um diesen letzten Sproß der Familie spricht aus jedem Satz. Wohl betont sie mehrmals die Pflicht gegenüber dem Staate. Aber dieses Argument entspricht eben ganz der durch mancherlei Einflüsse anerzogenen Denkweise dieser Frau, ohne hier ein Hauptkriterium für ihre Einstellung zu bilden. Auch war es ein Hinweis, der — das wußte Cornelia — für jeden Römer zwingende Kraft besaß. Auch um die Erhaltung der eigenen Ruhe ging es hier nicht; diese selbstverleugnende Behauptung ist nur ein Appell an die Liebe ihres Sohnes. Die Idee aber, die das Schreiben belebt, ist die bange Ahnung, ja Gewißheit Cornelias, daß Gaius Unternehmen unglücklich enden werde und der Wille, ihn um jeden Preis davon abzubringen, nur aus dem Wunsche, sich das Leben dieses ihres letzten Sohnes zu erhalten. Es ist also nicht Feindschaft noch Mißbilligung,

1) Münzer, R.-E$^2$. IV 1594; Meyer a. a. O.

2) Grillparzer, Autobiographie.

sondern das lauterste Wohlwollen, die Liebe der Mutter, die das Schreiben Cornelias veranlaßt hat und jedes Wort durchflutet.

Dieses aus Cornelias Brief gewonnene Bild von ihrem Verhältnis zu ihren Söhnen gibt auch den Maßstab für die Beurteilung der über ihre sonstige Stellungnahme erhaltenen Quellennachrichten.

Die erste Erwähnung Cornelias in direktem Zusammenhang mit dem Werk ihrer Söhne gehört in das Jahr 133. Als in dieser Zeit Tiberius fürchten mußte, nach Ablauf seines Amtsjahres von seinen Gegnern angeklagt zu werden, suchte er die Wiederholung seines Tribunats im folgenden Jahre durchzusetzen. Diese Gesetzwidrigkeit sollte mit Hilfe des Volkes verwirklicht werden. Zu den Reden, durch die er um die Gunst der Massen warb, erschien er in Trauerkleidern und brachte auch seine Kinder und seine Mutter, die Tochter des Africanus, mit vor das Volk [1]). Es ist das erste Mal, daß wir von dem Auftreten einer einzelnen Frau vor der römischen Volksversammlung hören. Dabei ist bemerkenswert, daß offenbar erst im Rahmen eines gesetzwidrigen, revolutionären Vorgehens dieses neuartige Mittel der Volksbeeinflussung in das politische Leben eingeführt worden ist. Tiberius suchte das große persönliche Ansehen seiner Mutter öffentlich in der Weise nutzbar zu machen, daß er das Volk durch den Anblick dieser hochberühmten Frau allen seinen Plänen, selbst seinen verfassungswidrigen, geneigt zu machen versuchte. Daß aber Cornelia sich herbeiließ, diese Rolle zu spielen, zeigt, daß sie sich in vollem Einverständnis mit ihrem Sohne befand. Dieses Einstehen einer Frau und persönliche Einsetzen für die Politik eines ihr nahestehenden Mannes mußte allerdings damals ungeheures Aufsehen erregen und vielleicht erweckte Cornelia dadurch den Eindruck einer fanatischen Politikerin, so daß man es wagen konnte, den im Jahre 129 erfolgten plötzlichen Tod des Scipio Aemilianus, ihres Schwiegersohnes und eines Gegners des Tiberius, als ihre Tat zu verkünden [2]). Wenn auch die Todesursache des Aemilianus wie für seine Zeitgenossen, so erst recht für die Nachwelt immer ungeklärt bleiben muß, so viel ist sicher, daß er nie durch die Mörderhand einer Cornelia gefallen ist. Das Bild von der Persönlichkeit Cornelias, wie wir es aus allen über jene Frau erhaltenen Nachrichten gewinnen, steht zu einer derartigen Anschuldigung in unüberbrückbarem Gegensatz.

---

1) Cass. Dio frgm. 82, 8.

2) Appian b. c. I 20.

Das zeitlich nächste Zeugnis über Cornelia ist ihr schon besprochener Brief. Bald darauf erfolgte eine wirksame Beeinflussung einer innerpolitischen Maßnahme durch die Mutter des Gracchus. Es ist der Einspruch gegen den ersten Gesetzesantrag ihres Sohnes Gaius[1]). Dieser verkündigte sofort nach Antritt seines Tribunats (Ende 124) seinen unversöhnlichen Haß gegen die Feinde seines Bruders. In der sogenannten Lex de abactis beantragte er, daß ein Politiker, der vom Volke seines Amtes enthoben wurde, nie mehr ein weiteres verwalten solle. Der Antrag richtete sich, wie jeder erkannte, gegen jenen Octavius, der sich einst als tribunizischer Kollege den Forderungen des Tiberius Gracchus widersetzt hatte und auf dessen Veranlassung vom Volke seiner Amtsgewalt beraubt wurde[2]). Gaius aber nahm wenige Tage nach der Verkündigung den Antrag zurück, seiner Mutter zu Gefallen, wie er öffentlich bekannte, die ihn darum gebeten hatte. Das Volk aber stimmte freudig zu, „denn es liebte Cornelia“[3]). In diesem Verhalten Cornelias erkennen wir wieder jene merkwürdige Vereinigung von politischem Scharfblick, der die verhängnisvollen Folgen eines solchen Schrittes klar voraussieht und mütterlicher Besorgnis, die die Gefahr für den Sohn erkennt und daher abhelfend einzugreifen sucht. Es ist die gleiche Haltung, wie in dem berühmten Brief der Cornelia, und so wenig wie aus ihm darf man aus der Stellungnahme Cornelias zu der Lex de abactis eine Gegnerschaft der politischen Gesinnung zu ihren Söhnen herausdeuten[4]). In diesem Falle hätte Gaius wohl kaum ihrer Bitte willfahren. Wiederum sehen wir Cornelia durchaus auf seiten ihrer Söhne stehen, nur manchmal auf Grund ihrer mütterlichen Autorität mäßigenden Einfluß übend. Beachtenswert ist, daß Cornelia zweimal dem Volke vorgeführt, zweimal diesem ihr Einfluß kundgetan wurde. Einmal trat Cornelia persönlich vor dem Volke auf, im anderen Falle verkündete das offene Geständnis ihrer Einwirkung den machtvollen Einfluß dieser Frau. Hiermit aber war dem Volke ein neues Mittel zur Erreichung seiner Ziele gezeigt. Indem man ihm die Einwirkung der Frau auf die Politik nicht verhehlte, brachte man es auf den Gedanken, umgekehrt den Weg über die Frauen der Politiker einzuschlagen, wenn es galt, von

1) Plut. C. Gracchus 4, 1; Diod. XXXIV 25, 2.

2) Plut. Ti. Gracchus 10—12.

3) Plut. C. Gracchus 4, 1.

4) Ed. Meyer, Nipperdey, Münzer, a. a. O.

diesen etwas zu erreichen. Es ist dies ein Vorgehen, das in der Folgezeit des öfteren zu beobachten ist. Die Einführung aber dieser Maßnahme, das Ansehen einer Frau für die Politik wirksam zu machen, ist dem mit den Gracchen beginnenden Demagogentum zu verdanken und einem für römische Begriffe fast peinlich wirkenden Individualismus, der an den Gracchen zu beobachten ist. Er ist wahrscheinlich eine Frucht ihrer nach den Ideen hellenistischer Staatsphilosophie erfolgten Erziehung und wir hätten hier somit einmal den Einfluß der Philosophie auf die Entwicklung der politischen Stellung der Römerin.

Es bleibt noch jene strittige Angabe über Cornelia zu betrachten, nach welcher sie ihrem Sohne Gaius Söldner aus Campanien zugesandt hätte [1]). Cornelia habe Männer als Schnitter verkleidet nach Rom geschickt und Gaius deren Ankunft in Form eines Rätsels mitgeteilt. Diese Nachricht wird oft als erfunden verworfen [2]), oder aus „böswilliger Auslegung harmloser Worte“ [3]) eines Briefes der Cornelia entstanden gedacht. Dennoch kann man sie wohl als glaubhaft annehmen. Die Entscheidung des Jahres 121 fiel während der Sommermonate. Die Wahl der Verkleidung als Schnitter ist also recht günstig. Sie aber und die Art der Kundmachung durch ein Rätsel sind auffällige Einzelheiten, die schwerlich frei erfunden sein können [4]). Daß Cornelia aber mit diesem ihrem Eingreifen den ersten Anlaß zum bewaffnetem Vorgehen gegeben und diese Art der Entscheidung in den Kampf eingeführt habe, diese Behauptung konnte man nicht mit der Erfindung jener Anekdote stützen wollen [5]). Denn es war allgemein bekannt, daß auch der Senat gerüstet hatte. Münzer aber erklärt die ganze Episode für unwahr [6]) auf Grund jener Mißbilligung Cornelias gegen das Werk ihrer Söhne, die er aus ihrem Brief und aus jener Ablehnung des gegen Octavius gerichteten Antrags herausliest, die, wie oben gezeigt, gar nicht bestanden hat. Auch diese letzte Nachricht über Cornelias Stellungnahme zu Gaius politischen Maßnahmen

---

1) Plut. C. Gracchus, 13, 1.

2) Münzer, R.-E². IV 1595.

3) Ed. Meyer a. a. O.

4) Vgl. E. von Stern, Zur Beurteilung der politischen Wirksamkeit des Tiberius und Gaius Gracchus (Hermes 56, 1921) S. 229.

5) Münzer, R.-E². IV 1594.

6) Ebenda.

wird als historisch anzusehen und dahin zu beurteilen sein, daß im Entscheidungskampf Cornelia ihren Sohn tatkräftig unterstützte, weniger um des Sieges seiner politischen Ideen willen, als vielmehr um die Erhaltung seines, des geliebten Sohnes Lebens möglichst zu sichern. Für ihre Handlungsweise war der gleiche Beweggrund maßgebend, der auch ihre Stellungnahme zu Gaius Bewerbung um das Tribunat und seinem Gesetz gegen Octavius hervorgerufen hatte. Aber während sie sich damals noch von einem Abraten und ablehnenden Verhalten Erfolg versprechen konnte, sah sie nun ein, daß die Entwicklung unaufhaltsam und nur tatkräftige Unterstützung aussichtsreich war. So half Cornelia großmütig dem Sohne, um die Folgen eines Schrittes zu verhüten, den sie so leidenschaftlich zu verhindern gesucht hatte.

Will man zusammenfassend Cornelias politische Stellung einer Würdigung unterziehen, so kann man sich der Worte bedienen, die als den vollkommensten Ausdruck dafür das römische Volk selbst geprägt hat: es feiert Cornelia als Africani f[ilia], [mater] Gracchorum [1]). Dieser ihr Name bildet in der Tat eine Wiedergabe ihrer ganzen Wirksamkeit. Er betont das große Ansehen der Scipionentochter, das besonders in ihrer Eheschließung und bei der Werbung des Ptolemaios wirksam war und umfaßt alles, was Cornelia ihren Söhnen vermachte an geistigem und seelischem Erbgut, alles worin sie durch Erziehung und Vorbild sie förderte und soweit sie durch ihren weisen Rat und ihre mütterliche Sorgfalt deren Politik beeinflußte. Dieser Frau errichtete das römische Volk, sich über das staatliche Verbot hinwegsetzend, eine Statue mit der Aufschrift ihres Namens. Wenn in späterer Zeit allein die Kaiserinnen das Recht der Bildnisaufstellung besaßen [2]), so hatte schon ein Jahrhundert vorher Cornelia ausnahmsweise dieses Recht vom Volke übertragen bekommen.

Für die Entwicklung der politischen Stellung der Römerin bildet Cornelia einen bedeutsamen Anfang. Es ist für diese Entwicklung wenig wichtig, daß Cornelias Eingreifen nicht aus politischen Interessen erfolgte, sondern aus rein menschlichen Beweggründen, die allerdings einer klaren Erkenntnis der politischen Lage entsprangen.

---

1) CIL VI 31610; Vgl. Plin. nat. hist. 34, 31; Tacitus, dial. 28; Plut. C. Gracch. 4, 1: Statue vom Volk.

2) Sandels, Die Stellung der kaiserlichen Frauen aus dem jul.-claud. Hause (Diss. Gießen 1912), S. 28.

Ausschlaggebend für Cornelias Bedeutung ist die Tatsache, daß sie den Weg entdeckte und als erste beschritt, der unter den gegebenen Verhältnissen Einfluß gewährte und der im Verlauf der römischen Geschichte jederzeit erfolgreich blieb: die persönliche Wirkung auf die maßgebenden Männer der Politik.

## Iulia, Gattin des Marius.

Aber Cornelia fand nicht sogleich Nachfolgerinnen auf dem von ihr eingeschlagenen Weg. Auch jetzt noch hatten viele Frauen nicht größere politische Bedeutung als die Römerinnen der früheren Jahrhunderte, deren politische Rolle allein durch Zugehörigkeit zu Stand und Familie erfüllt war. Auch die Wirksamkeit der Gattin des Marius geht nicht darüber hinaus. Die Verbindung mit ihr, einer Tochter aus dem hochadeligen, jedoch verarmten Hause der Iulier, sollte die nur ritterbürtige Abstammung des Marius vergessen machen und seiner überragenden Stellung gegenüber der Nobilität größere Berechtigung verleihen. Noch weiter aber erstreckte sich die Wirkung dieser Ehe Iulias auch auf ihren Neffen C. Iulius Caesar, der durch sie ein Neffe des großen Popularenführers Marius wurde[1]). Caesars politische Stellung auf seiten der Volkspartei war sicher stark durch seine Verwandtschaft mit Marius bedingt. Aber für seinen ersten Schritt ins Lager der Popularen, seine Verschwägerung mit Cinna[2]), war vielleicht ebensosehr der Einfluß einer Frau, seiner Mutter Aurelia, ausschlaggebend.

## Aurelia, Caesars Mutter.

Das Verhältnis Aurelias zu ihrem großen Sohne war ein ähnliches wie das zwischen den Gracchen und ihrer Mutter Cornelia. Auch Caesar wurde von seiner Mutter erzogen[3]) und soll von ihr die Kunst der gewandten Rede erlernt haben[4]). Auch zwischen ihm und seiner Mutter bestand große gegenseitige Zuneigung[5]). Zu

---

1) Diese bedeutsame Tatsache wird oft erwähnt: Plut. Caes. 5, 1; Suet. Iulius 6, 1; Vell. II 41, 2 u. a.

2) Im Jahre 84 (Suet. Iul. 1; Vell. II 41, 2).

3) M. E. Deutsch, The women of Caesars family (Classical Journal 13, 1917—18) S. 502; Tac. dial. 28.

4) Cic. Brut. 252.

5) Das zeigt die mehrfach überlieferte Anekdote vom Jahre 63, wo Caesar sich um das Amt des Pontifex Maximus bewarb (Suet. Iul. 13; Plut. Caes. 7).

Caesars Vermählung mit Calpurnia, der Tochter des Lucius Calpurnius Piso und der Rutilia, im Jahre 59 bemerkt Münzer[1]): „Es wäre wunderbar, wenn bei der Stiftung dieses Ehebundes die Matronen aus den verschwägerten Familien der Aurelii Cottae und der Rutilier nicht sehr stark im Spiele gewesen wären". Aber vielleicht war schon seine Ehe mit Cornelia, der Tochter Cinnas, auf Veranlassung Aurelias zustandegekommen. Die mit Aurelia verwandte Rutilia war mit Calpurnius Piso verheiratet[2]). Zur Zeit der Verbindung Caesars mit Cornelia war deren Mutter Annia, Witwe Cinnas, ebenfalls mit einem Calpurnier vermählt[3]). Mehr noch als für den gereiften Mann vom Jahre 59 könnte für den sechzehnjährigen Jüngling der Einfluß der mütterlichen Familienpolitik geltend gewesen sein. Zwei Frauen, Iulia und Aurelia und ihre verwandtschaftlichen Beziehungen hätten somit Caesars Stellung zu den Parteien maßgebend beeinflußt.

Auch der Patrizier M. Aemilius Lepidus, der sogleich nach dem Tode Sullas als Gegner seines Werkes auftrat, war lange vorher schon ins Lager der Opposition übergetreten durch seine Heirat mit Appuleia, der Tochter des revolutionären Volkstribunen Lucius Appuleius Saturninus[4]).

## Caecilia Metella, Gattin Sullas.

So waren die führenden Männer der Popularenpartei nicht nur durch die Gemeinsamkeit der politischen Interessen, sondern auch durch die Bande des Blutes verbunden und geeinigt. Aber auch auf der Gegenseite sah man in verwandtschaftlichem Zusammenschluß ein wichtiges Mittel zur Stützung der Macht. Besonders die vierte[5]) Heirat Sullas erregte großes Aufsehen. Sulla entließ im Jahre 88 seine Frau Cloelia und vermählte sich wenige Tage später, kurz nach seiner Wahl zum Konsul, mit Caecilia Metella[6]). „Wegen dieser Heirat brachten die Popularen mancherlei gegen ihn vor, viele der Adeligen tadelten sie. Denn sie hielten ihn, den sie des

1) S. 327.

2) Münzer a. a. O.

3) Im Jahre 84 mußte dieser Annia auf Befehl Sullas entlassen (Vell. II 41, 2). Der Gemahl Annias war eines Calpurnii filius: Forcellini, Onomasticon II 2, S. 87.

4) Münzer S. 308.

5) Sullas frühere Frauen Iulia, Aelia und Cloelia erwähnt Plut. Sulla 6, 16.

6) Plut. Sulla 6, 14—18.

Konsulats gewürdigt hatten, dieser Frau für nicht würdig, wie Livius sagt"[1]). Caecilia war die Tochter des Pontifex Maximus und entstammte der „in der Regierung mächtigsten Familie"[2]), der Meteller. Sullas Verbindung mit dieser Frau bedeutete eine Verkündigung seines Programms, das sich die Wiederherstellung der Adelsherrschaft zum Ziele gesetzt hatte[3]). „Er gab der jungen Generation des Adels durch seine Ehe das gute Beispiel für standesgemäße Erhaltung und Fortpflanzung des Stammes[4])." Diese Ehe brachte die Verbindung der mächtigsten Adelspartei mit dem mächtigsten Manne in Rom. Durch die Person der Caecilia Metella kam diese Vereinigung zustande. Daher trachtete die demokratische Revolution des Marius und Cinna vor allem nach ihrem Leben[5]). Doch Caecilia Metella entkam aus Rom und floh zu Sulla, der vor Athen stand. Hier aber wurde sie von den athenischen Bürgern, besonders von dem Tyrannen Aristion verspottet[6]). Es erinnert an die Gepflogenheit der attischen Komödie, wo man sich das Recht nahm, die intimsten Verhältnisse auch der größten Staatsmänner bloßzulegen. Das Interesse der Athener an der Person der Caecilia Metella war daher nichts Außergewöhnliches. Immerhin ersehen wir daraus, daß die Kunde von dieser Frau über die Grenzen Roms und Italiens hinaus bis nach dem griechischen Osten gedrungen war. Auch die Statue, die man ihr in Oropus errichtete[7]), zeigt, daß man im Osten, wo man unter dem stärkeren Einfluß der hellenistischen Königreiche eher geneigt war, die überragende Stellung einer Frau anzuerkennen, die wahre Bedeutung der Caecilia Metella erkannt hat. Zweifellos wollte man mit dieser Ehrung der Gattin Sulla selbst geneigt stimmen; denn es war bekannt, daß er Caecilia sehr hoch schätzte[8]). Man vermutete daher aber auch oder wußte es, daß sie großen Einfluß auf ihn besaß, den man für sich nutzbar zu machen gedachte. So wurde durch den Eigennutz der Städte erhöhte Bedeutung an diese Frau herangetragen.

1) Plut. Sulla 6, 15.

2) Münzer S. 305.

3) Im Gegensatz zu den zahlreichen Ehen zwischen Patriziern und Plebejern, z. B. Marius, M. Aem. Lepidus.

4) Münzer S. 424.

5) Plut. Sulla 22, 2; App. b. c. I 73, 20; 77, 11.

6) Plut. Sulla 6, 18 und 13, 2; Seneca, de matrim. frgm. 63 (Haase).

7) IG VII 372.

8) Plut. Sulla 6, 17.

Caecilia Metella war in der Tat eine Frau, die es verstanden hatte, über ihre Eheschließung hinaus politische Bedeutung zu gewinnen. Sie ist die erste Nachfolgerin Cornelias, der Mutter der Gracchen. Wie jene war sie von außerordentlichem politischen Scharfblick. Als Pompeius im Jahre 83 Sulla bei der Landung mit zwei Legionen entgegenkam, erkannte sie sofort die Notwendigkeit, diesen Mann an Sulla zu fesseln. Der sicherste Weg schien ihr eine verwandtschaftliche Bindung der beiden Männer durch eine Heirat [1]). Dieser Vorschlag stand der Gedankenwelt einer römischen Frau besonders nahe und war ganz im Sinne altrömischer Tradition, wo für Heiraten seit jeher das politische Moment maßgebend war. Daß Caecilia aber die eigene Tochter, die bereits vermählt war und ein Kind erwartete [2]), zwang, sich einem anderem Manne zu verbinden, darin erscheint sie so ganz als rücksichts- und bedenkenlose Politikerin, die ein jedes noch so anstößige Mittel in ihre politische Spekulation einbezieht und ihr persönliche Verpflichtung und Humanität zum Opfer bringt, eine Frau, wie bis dahin keine in der römischen Geschichte erstanden ist. Auf Caecilias Veranlassung hin geschah es also, daß Pompeius im Jahre 83 seine Gattin Antistia entlassen und Aemilia, die Stieftochter Sullas, zur Frau nehmen mußte. Der Vater der Antistia war wegen seiner Verwandtschaft mit Pompeius in der Curie ermordet worden [3]). Zur gleichen Zeit wurde neben anderen auch M. Piso Calpurnianus gezwungen, seine Frau Annia, die Witwe Cinnas, zu entlassen [4]). Nur Caesar widersetzte sich dem Befehle Sullas, sich von Cornelia, der Tochter Cinnas, zu trennen. Lediglich dem Einflusse einer Vestalin dankte er die Erhaltung seines Lebens [5]). Wie weit Caecilia Metella auch an diesen Forderungen Sullas die Schuld trägt, läßt sich nicht feststellen. Es wird nur überliefert, daß sie sich durch den Besitz der von Sulla Verfolgten bereicherte [6]). Wie stark aber ihr Einfluß auf Sulla und wie fest bereits ihre Stellung gegründet war, wird besonders deutlich aus einer bei Plutarch überlieferten Nachricht. Wir erfahren, daß Sulla die Bitte um Rückberufung der flüchtigen

---

1) Plut. Pompeius 9, 2.
2) Plut. a. a. O. und Sulla 33, 4.
3) Plut. Pompeius 9, 3.
4) Vell. II 41, 2.
5) Plut. Caesar 1; Suet. Iul. 1, 2; Dio XLIII 43, 4; vgl. oben S. 26.
6) Plinius, nat. hist. XXXVI 113.

Marianer abgeschlagen hatte, das Volk sich aber daraufhin an seine Gattin Caecilia Metella wandte, damit diese ihn umstimme [1]).

Caecilias Einfluß auf die Politik ist also ein Umstand, der bereits öffentlich bekannt und auch anerkannt ist, eine Tatsache, mit der man bereits rechnet, die man auszunützen versucht. Am Beispiel Caecilias, der Gattin des Diktators Sulla, erkennen wir noch stärker als bei Cornelia, daß, je größer die Stellung des Mannes und je stärker der Einfluß der Frau auf den Mann, um so deutlicher die politische Rolle der Frau in Erscheinung tritt. Die Entwicklung der politischen Stellung der Römerin erscheint daher in engstem Zusammenhang mit der Machtsteigerung einzelner Staatsmänner zum persönlichen Regiment. Begünstigung scheint sie auch durch das Volk zu erfahren. Schon bei Cornelia konnte man eine auffällige Bereitwilligkeit des Volkes bemerken, den Einfluß einer Frau auf die Politik anzuerkennen. Bei Caecilia Metella ging man so weit, ihre Einwirkung zu fordern: man übertrug ihr also gleichsam eine Rolle innerhalb der Politik. Indirekt kommt damit auch zum Ausdruck, daß im Volk, im Gegensatz zum Senat, die Abneigung gegen das persönliche Regiment eines Einzelnen nicht sehr stark war, ja, daß man erstaunlich rasch mit den Neuerungen dieser Regierungsweise sich abfand. — Wenn wir hören, daß Sulla im Jahre 81 nach dem Tode Caecilias ihr zu Ehren überaus prächtige Leichenfeiern veranstalten ließ, die das durch ein Luxusgesetz Sullas selbst gebotene Maß weit überschritten [2]), so entsprach das ganz seiner diktatorischen Stellung und der Bedeutung der Caecilia Metella. Im besonderen Licht erscheint dieser Umstand durch die Tatsache, daß es in späterer Zeit ein Ehrenrecht der Kaiserinnen war [3]), glanzvolle Leichenfeiern zu erhalten. Man erkennt auch daran, wie weit schon im Jahre 81 Rom von dem Zustand einer Republik entfernt war.

Die Entwicklung des politischen Einflusses der Frau hat mit Caecilia Metella unleugbare Fortschritte zu verzeichnen. Freilich war auch Caecilias erste politische Bedeutung durch die Zugehörigkeit zu einer berühmten Familie gegeben. Wie Cornelia hat auch sie erst durch ihre Eheschließung die Möglichkeit zu politischer Einflußnahme erhalten, da nicht nur ihre persönliche Art und

1) Plut Sulla 6, 17.

2) Plut. Sulla 35, 3 und 4.

3) Sandels a. a. O. S. 33.

Gesinnung sie mehr dazu befähigte, sondern auch Sullas politische Stellung weit höher und viel weniger umstritten war als die der Gracchen. Eine Weiterentwicklung lag im Vergleich zu Cornelia auch in der Haltung des Volkes und schließlich hat Sulla selbst die Ausnahmestellung dieser Frau betont, wenn er ohne Bedenken ein für alle Römer von ihm selbst erlassenes Gesetz für Caecilia Metella allein als nicht bestehend erklärte.

Die politische Wirksamkeit sowohl Cornelias als auch Caecilia Metellas bestand im wesentlichen in ihrer Einwirkung auf die ihnen nahestehenden Leiter der Politik. Auf Caesars Politik jedoch soll nie eine Frau Einfluß gewonnen haben [1]. Abgesehen von der sehr wahrscheinlichen Einwirkung Aurelias auf die Parteienbildung in den Jahren 83 und 59 [2] mag das der Fall sein, wenigstens soweit eine solche Einflußnahme quellenmäßig zu beweisen ist. Aber Caesar selbst hat, nachdem einmal das Vorbild der Gracchen bestand, Frauen des öfteren in den Dienst seiner Politik gestellt. Gleich sein zweites [3] Auftreten vor der Öffentlichkeit läßt das erkennen. Als nämlich im Jahre 68 die Witwe des Marius starb, ließ Caesar, ihr Neffe, der Quästor des Jahres, ihr einen prächtigen Leichenzug veranstalten. Er selbst hielt die laudatio funebris [4], die natürlich willkommenen Anlaß bot, den Ruhm des Marius neu aufleben zu lassen; ja, er wagte es sogar, im Leichenzug der Julia die Bilder des Marius mitzuführen, eine unerhörte Tatsache seit der Verfolgung der Marianer durch Sulla. Das Volk jubelte ihm zu als seinem künftigen Führer. Im gleichen Jahre brachte er auf dieselbe Weise auch das Ansehen Cinnas wieder zu Ehren, als Cornelia, seine Gattin und Tochter Cinnas, starb [5].

Durch die Ehrung dieser Frauen bekannte sich Caesar offen als Anhänger der Popularen in der Absicht, das Volk für sich und seine Ziele zu gewinnen. Indirekt aber und vermutlich unbeabsichtigt trug Caesar dazu bei, die Stellung der Frau innerhalb der Politik zu fördern und zu festigen. Wir wissen nicht genau, seit wann die laudatio funebris für Frauen üblich ist [6]. Jedenfalls

---

1) Groebe, R.-E.² X 258.

2) Siehe oben S. 61—62.

3) Plutarch, Caesar 5, 1.

4) Ebenda.

5) Sueton, Iulius 6, 1.

6) Siehe oben S. 31, 5.

gewinnen wir aus der Überlieferung den Eindruck, daß Caesars Vorgehen viel Beachtung fand. In der Kaiserzeit aber war die laudatio ein Recht besonders der Kaiserinnen [1]), dessen Entstehung durch Caesars Initiative hervorgerufen, zum mindesten gefördert zu sein scheint [2]). Überdies lag in der Hervorhebung und Betonung verwandtschaftlicher Beziehungen ein erneuter Hinweis auf die Bedeutung der Frauen beim Abschluß von Ehebündnissen. Nur von diesem politischen Gesichtspunkt aus ist auch die bald darauf erfolgte Vermählung Caesars mit Pompeia, der Enkelin Sullas (67 v. Chr.) zu verstehen.

## Pompeia, Enkelin Sullas und Gattin Caesars.

M. E. Deutsch sagt: „Wie Caesar, der Nachfolger des Marius, dazu kam, sich mit der Familie Sullas zu verbinden, ist ein Rätsel" [3]). Aber der Sinn dieser Verbindung konnte doch nur sein, eine Verbreiterung der politischen Basis über die Popularen hinaus und eine Fühlungnahme mit der Gegenseite zu erzielen. Wir wissen nicht, ob Pompeia mit Pompeius Magnus verwandt war. Immerhin hören wir, daß der Bruder Pompeias, Pompeius Rufus, aufs entschiedenste für Pompeius eingetreten ist [4]). In dem Jahre seiner Verbindung mit Pompeia, 67, tat sich Caesar auch hervor in der Befürwortung der Lex Gabinia, bald auch der Lex Manilia, die für Pompeius den Oberbefehl gegen die Piraten und gegen Mithridates brachten. Es war ihm also daran gelegen, Pompeius für sich zu gewinnen. So wird auch Caesars Vermählung mit der Enkelin Sullas und Schwester eines Anhängers des Pompeius eine Annäherung an die Sullaner, die Optimaten, bezweckt haben, namentlich an Pompeius, der als ehemaliger Gefolgsmann Sullas bekannt und der einflußreichste Mann im Staate war. Pompeia aber erlangte, abgesehen von ihrer Eheschließung keine weitere Bedeutung. Die überragende Persönlichkeit Caesars ließ den Einfluß einer Frau, deren Wesen wir aus den Ereignissen des Jahres 62 [5]) einigermaßen zu erfassen imstande sind, nicht zu.

---

1) Sandels a. a. O. S. 33.

2) Drei von den vier aus der Republik bekannten Fällen sind von der Familie Caesars überliefert (Vollmer a. a. O.).

3) Classical Journal 13, S. 507.

4) Cass. Dio XL 45.

5) Cic. ad Att. I, 2, 3; Plut. Caes. 10, Cic. 28; Cass. Dio XXXVII, 45.

## Terentia, Gattin Ciceros.

Erst einige Jahre nach der bedeutungsvollen Eheschließung Caesars mit Pompeia erscheinen wieder Frauen in Zusammenhang mit politischen Ereignissen und zwar bei den Vorgängen, die sich unter dem Konsulate Ciceros im Jahre 63 abspielten.

Da ist zunächst die Gattin Ciceros, Terentia. Die moderne Literatur, die sich mit dieser Frau befaßt, beschränkt sich auf die Erfassung der Gründe, welche die aufsehenerregende Scheidung Ciceros von Terentia nach dreißigjähriger Ehe veranlaßt haben könnten [1]). Nur Drumann behandelt neben Terentias Persönlichkeit auch ihre Bedeutung in der Politik. Doch scheint ihn bei seinen Ausführungen allzusehr seine Cicero feindliche Tendenz geleitet zu haben. Es sind allerdings über Terentia größtenteils nur Andeutungen in Ciceros Briefen und wenig aufschlußreiche Erwähnungen in der sonstigen Literatur vorhanden. Doch auch aus ihnen gewinnen wir das Bild einer äußerst aktiven, an allen Unternehmungen ihres Gatten regsten Anteil nehmenden Frau. „Sie war keine Frau von sanfter und zaghafter Art, sondern ehrgeizig und nahm, wie Cicero selbst sagt, stärkeren Anteil an seinen politischen Sorgen, als sie ihm Anteil an den häuslichen gewährte [2]).“ Die Bestätigung dafür erhalten wir in Ciceros Briefwechsel mit seiner Gattin [3]). Da tritt ihr erstaunliches Interesse an allem politischen Geschehen in Erscheinung, wir sehen in Terentia Verständnis und Gefühl für die Wichtigkeit der Ereignisse und schließlich ein selbständiges, zielbewußtes Handeln.

Aufschlußreich nicht nur für Terentias Verhältnis zu dem Gatten, sondern auch vor allem für ihre politische Klugheit ist allein schon die Tatsache, daß sie, als Caesar ein offizielles Schreiben nach Rom richtete, unverzüglich Cicero von dem Inhalt desselben Mitteilung machte [4]). Terentia traute sich auch zu, die Rückberufung ihres Mannes aus der Verbannung erreichen zu können und nahm sogleich die Gelegenheit wahr, einen der neugewählten Volkstribunen

---

1) O. E. Schmidt, NJbb. I 1898, 174 ff.; Luise Neubauer, Terentia, Wiener Studien 31, 1909, 211 ff.; Drumann-Groebe, Geschichte Roms VI 685 ff.

2) Plut. Cic. 20, 1.

3) ad fam. XIV.

4) ad fam XIV 8; vgl. XIV 3, 3.

für diesen ihren Plan zu gewinnen[1]). Sie war auch in Abwesenheit Ciceros die verständnisvolle Mittelsperson, die unter den Mitgliedern der befreundeten Partei die Verbindung aufrechterhielt, Nachrichten verbreitete und Erklärungen abgab. In einem Falle hatte Sestius, der Quästor des C. Antonius in Makedonien, an Cicero geschrieben, daß er einen Nachfolger bestimmt zu haben wünsche; in seinem nächsten Brief äußerte er den gegenteiligen Wunsch. Cicero kann das erst glauben, nachdem Sestius' Gattin mit Terentia über die Angelegenheit gesprochen hat und diese ihm die Sache klarlegt[2]). Man erwartete also mit Recht bei Terentia volles Verständnis für die schwierigen Verhältnisse der römischen Parteipolitik. Doch wichtiger ist es zu wissen, daß Cicero den klugdiplomatischen Vorschlägen Terentias Gehör schenkte, sich nach ihnen richtete: „Ich werde alles tun, was Du vorschreibst. Allen den Freunden habe ich gedankt, von denen Du das haben wolltest[3]).“

Nach all diesem wird man auch für die Ereignisse des Jahres 63, Ciceros großem Jahre, stärkste Anteilnahme Terentias voraussetzen dürfen. Wie immer wird Cicero auch und gerade damals sich mit seiner Gattin beraten und sie einen nicht unmaßgeblichen Einfluß auf seine Entschließungen besessen haben. Drumann stellt eine Vermutung auf[4]), ausgehend von den Ereignissen der Nacht des 3./4. Dezembers, wo in Ciceros Hause die Frauen und Vestalinnen das Fest der Bona Dea begingen. Als dabei das Opferfeuer bereits erloschen schien, schlug aus der Asche plötzlich eine neue Flamme empor. Die Vestalinnen ließen nun durch Terentia Cicero verkünden, das Wohlwollen der Göttin sei ihm gewiß in allem, was er zur Rettung des Staates beschlossen habe[5]). Drumann erblickt nun in dem ganzen Vorgang eine zwischen den beiden Gatten abgemachte Sache. Diese Auffassung wird aber wohl dahin abzuwandeln sein, daß nicht das Wunderzeichen selbst künstlich hervorgerufen wurde[6]), wohl aber die Art der Auslegung Terentias rascher Initiative und Energie zu verdanken ist. Wie sie im Jahre 61

1) ad fam XII 2, 2.

2) ad fam V 6. Kommentar von Tyrell and Purser, The correspondence of M. T. Cicero, Dublin 1890, Ep. Nr. 16.

3) ad fam XIV 3, 3.

4) Drumann(-Groebe) a. a. O. V 616.

5) Plut. Cic. 20, 1; Dio XXXVII 35, 4.

6) L. Neubauer a. a. O. hält das auf Grund der großen Religiosität Terentias für unmöglich.

Ciceros Zaudern ein Ende machte, so daß er durch sein Zeugnis des Clodius mühsam erbrachtes Alibi vernichtete[1]), so hat auch damals Terentia den Konsul bestimmt oder doch wenigstens in seinem Vorhaben ermutigt, mit den strengsten Maßnahmen gegen Catilina und seine Genossen vorzugehen. Auch ein persönlicher Beweggrund mag dabei im Spiele gewesen sein. Terentias Schwester, die Vestalin, in deren Anwesenheit das Orakel beim Fest der Guten Göttin in Ciceros Hause stattfand, war einst in einen Inzestprozeß mit Catilina verwickelt worden[2]). Ihre Abneigung gegen Catilina und eine gewisse Notwendigkeit, gegen ihn aufzutreten, mag aus jener Zeit stammen und auch die Schwester Terentia zu besonders rigorosem Verhalten veranlaßt haben. Daß man von einem solchen sprechen kann, beweisen vor allem auch die Angriffe der Catilinarier gegen Terentia, die in der Rede des Sallust zum Ausdruck kommen[3]). Daß Cicero selbst nichts von einer Einwirkung seiner Frau in der Catilinarierfrage berichtet, ist nur allzu verständlich und darf nicht dazu führen, ihren aus der übrigen Überlieferung ersichtlichen politischen Einfluß zu leugnen.

Terentia war in der Tat eine Frau von politischer Klugheit und Tatkraft. Wie die der anderen Frauen, wurde auch Terentias politische Rolle angebahnt durch ihre Ehe mit einem einflußreichen Politiker, der zudem immer das Bedürfnis hatte, Mitverantwortliche bei seinen Entschließungen zu finden oder wenigstens Anerkennung und Zustimmung zu erfahren. Diese Gegebenheiten nützte Terentia voll aus, wozu vor allem ihr persönlicher Charakter sie antrieb und befähigte, ihr Interesse an politischen Dingen, ihr großes Selbstbewußtsein und ihr Bedürfnis nach Selbständigkeit im Handeln. Daneben aber lassen sich dank der durch Ciceros Briefwechsel so reichhaltigen Überlieferung noch weitere Ursachen ausfindig machen, die für Terentias Eingreifen in die politischen Vorgänge ausschlaggebend waren. Große Bedeutung ist vor allem ihrem Reichtum zuzumessen[4]). Dieser hatte es Cicero erst ermöglicht, die Laufbahn eines Staatsmannes zu verfolgen und ist namentlich während seiner Verbannung oftmals wieder zu diplomatischem Vorgehen eingesetzt

1) Plut. Cic. 29.

2) Nachweise bei Drumann V 516.

3) Sall. in Cic. 3. Über die Echtheit vgl. Schanz-Hosius, Geschichte der römischen Literatur, 4. Auflage I S. 371.

4) Cis. ad fam. XIV 1, 8; Plut. Cic. 8; Cic. ad Att. II 45.

worden[1]). Andererseits war das politische Interesse Terentias oft bedingt durch die Notwendigkeit, sich dieses große Vermögen zu erhalten. Überdies aber scheint sich Terentia alle vorteilhaften Neuerungen der privatrechtlichen Entwicklung ihrer Zeit zunutze gemacht zu haben. Sie besaß persönlich ein großes Vermögen, stand also nicht mehr unter der patria potestas. Auch die coemptio fiduciaria scheint sie durchgemacht zu haben[2]). In ihrer Ehe, einem matrimonium sine in manu conventione (denn sie verwaltete ihr Vermögen selbst mit Hilfe ihres Freigelassenen Philotimos)[3]), ist sie in materieller Hinsicht völlig unabhängig von dem Gatten, ja auf Grund eben ihres Reichtums liegt oft bei ihr die Entscheidung über die Unternehmungen Ciceros.

## Fulvia und Sempronia, die Catilinarierinnen.

Im Falle Terentias ist es somit einmal möglich, auch jene für die politische Rolle einer Frau ausschlaggebenden Faktoren aufzuzeigen, die sonst für uns nicht mehr erkennbar sind. Zu betonen ist jedoch, daß auch Terentia noch durchaus als Gattin eines Politikers handelt, Einfluß auf die Person des im politischen Leben tonangebenden Gatten zu erreichen sucht. Zur Zeit Terentias nämlich treten bereits Frauen auf, denen man ebenfalls einen gewissen Einfluß auf die Politik nicht absprechen kann, die aber von ganz anderen Voraussetzungen ausgehen. Da ist z. B. jene Fulvia, die Cicero zur Entdeckung der Catilinarischen Verschwörung überaus wertvolle Dienste leistete. Sie war aus vornehmem Geschlecht[4]), ließ sich aber herbei, die Geheimnisse, die sie ihrem Geliebten, dem Catilinarier Q. Curio[5]) entlockte, an Cicero zu verkaufen[6]). Sie war es auch, die Cicero vor dem Mordanschlag des Cethegus und Marcius warnte[7]). Das Mißlingen der Verschwörung, der Erfolg Ciceros waren also großenteils ihr zu verdanken. Dennoch ist es sofort klar, daß man jene Fulvia nicht neben oder wegen des größeren Erfolges gar über Terentia stellen darf. Ihr Einfluß wirkte

1) ad fam. XIV 1, 8; 2, 3.
2) Cic. ad Att. XI 25, 3; XII 18, 2.
3) Cic. ad Att. XI 16, 1.
4) Sall. Cat. 23, 3.
5) App. b. c. II 3.
6) Sall. Cat. 26, 3.
7) Plut. Cic. 16, 1.

sich gewissermaßen nur zufällig auf dem Gebiet der Politik aus, war aber von keinerlei politischer Erwägung getragen. Es war für Fulvia eine geschäftliche Angelegenheit, eine Möglichkeit, Geld zur Tilgung ihrer Schulden zu beschaffen. Zahlreicher noch ist die Art dieser Frauen auf der Seite der Gegner Ciceros zu finden, da Catilina bei seinen unzweifelhaften Fähigkeiten gerade solche Elemente zu gewinnen verstand, besonders indem er ihnen Hoffnung erweckte auf Tilgung ihrer Schulden, die sie in einem ausschweifenden Leben angesammelt hatten. Catilina hoffte mit ihrer Hilfe die Sklavenmassen der Stadt in Aufruhr zu bringen; er sah in ihnen die Frauen von Männern, die er sich zu Anhängern gewinnen oder aber durch sie aus dem Wege räumen zu können hoffte [1]).

Besonders bezeichnend in ihrer Beispielhaftigkeit ist eine Frau, in der Münzer die „echte und rechte Tochter des großen Tribunen Gaius Gracchus“ sehen will [2]), Sempronia, die Mutter des D. Brutus Albinus. Zur Schilderung ihrer Persönlichkeit mag die Darstellung des Sallust dienen, der mit ein paar meisterhaften Strichen ihre Gestalt lebenswahr vor uns erstehen läßt: „Sie hatte schon oft männlich-kühne Taten vollbracht. Sie war, was Familie und äußere Erscheinung betraf, vom Glück begünstigt, als Gattin und Mutter reich gesegnet. In griechischer und römischer Literatur bewandert, verstand sie zu singen und zu tanzen mit einer Vollendung, wie sie für eine anständige Frau nicht nötig war und besaß sonst mancherlei Fertigkeiten, die Mittel des Wohllebens sind.“ Inmitten ihres ausschweifenden Lebens „war sie nicht unbegabt, sondern sie konnte Verse machen, verstand zu scherzen und wußte bescheiden, einschmeichelnd oder auch mutwillig zu plaudern und besaß überhaupt geistreichen Witz und feinen Humor“ [3]).

Sallust entwirft hier das Bild einer Frau aus bester Familie, geistvoll und lasterhaft, von weiblicher Anmut und männlichem Wagemut. Für sie trifft alles zu, was über den Einfluß der Befreiung des Frauendaseins auf die politische Betätigung der Frau gesagt worden ist. Allerdings wirken sich auch bei ihr schon die Nachteile dieser Entwicklung aus, indem gerade die Folgen der Freiheit, die man nicht richtig zu gebrauchen verstand, sie in die Reihen der gegen den Staat Verschworenen trieb. Man möchte sie,

1) Sall. Cat. 24, 3.
2) Münzer, Röm. Adelsparteien S. 273.
3) Sall. Cat. 25.

Sempronia und ihre Genossinnen, als Opfer der Emanzipation bezeichnen. Was Sallust[1]) über Sempronia schreibt: „Man kann nicht sagen, ob sie mit ihrem Geld oder mit ihrem guten Ruf verschwenderischer umging", gilt für alle diese Frauen. Eine erschreckende Zügellosigkeit ist an ihnen zu beobachten. Was aber gerade diesen Frauen Einfluß auf die politischen Ereignisse möglich machte, war allein die Zeit der Revolution, in der man geneigt ist, jeden Helfer willkommen zu heißen. Gleichzeitig mit der Revolution sind auch solche Frauen vom politischen Schauplatz verschwunden, wie sie in Fulvia und Sempronia als typische Vertreterinnen in der Überlieferung festgehalten worden sind.

## Mucia Tertia, Gattin des Pompeius.

Unter weit günstigeren Voraussetzungen besaßen natürlich nach wie vor die Frauen der führenden Staatsmänner eine nicht geringe Möglichkeit, in der Politik Einfluß zu gewinnen. Auch in den glänzendsten Tagen Ciceros und während der machtvollen Erhebung des Senates war der eigentliche Beherrscher der politischen Lage Pompeius Magnus, der im Osten weilte. Seine Gattin Mucia Tertia, mit der er seit dem Jahre 81 in dritter Ehe vermählt war, war in Rom zurückgeblieben. Sie verstand es, ihre hohe Stellung und ihr großes Ansehen zur Geltung zu bringen. Um die Rolle, die sie spielte, besser erkennen zu können, ist es nötig, den Ereignissen etwas vorzugreifen und zunächst die im Jahre 62 erfolgte Ehescheidung Mucias näher zu betrachten. Als nämlich Pompeius siegreich aus dem Osten nach Rom zurückkehrte, schickte er seiner Gattin den Scheidebrief, ohne einen Grund anzugeben[2]). Diese Scheidung wird zahlreiche Male erwähnt, Mucias ehebrecherischem Leben gibt man die Schuld[3]). Sueton nennt als einziger den Mitschuldigen, um dessentwillen Mucia entlassen wurde: Gaius Iulius Caesar[4]).

Man hat nun geglaubt, einen besonderen Grund angeben zu können, weshalb Caesar die leges Gabinia und Manilia so sehr verfochten habe: er habe dadurch den Gatten der schönen Mucia möglichst

1) Sall. a. a. O. 24. Unter diese Kategorie von Frauen gehört auch jene Praecia, deren Einfluß auf Cethegus bei Plutarch (Lucullus 6) geschildert wird.

2) Plut. Pomp. 42, 6.

3) Plut. a. a. O.; Zonaras X 5; Seneca de matrim. frgm. 64 (Haase).

4) Sueton, Iul. 50, 1.

weit entfernen wollen[1]). Das ist aber wohl kaum anzunehmen. Der Grund war vielmehr der, daß Caesar, der Aufwärtsstrebende, sich dem großen Pompeius empfehlen wollte, indem er sich für die Erfüllung seines ehrgeizigen Wunsches einsetzte. Überdies näherte er sich seiner Frau, um durch sie Pompeius für sich zu gewinnen. Daß dies wirklich der Beweggrund seiner Annäherung an Mucia war, erweist sich auch dadurch, daß Caesar, durch seine Scheidung von Pompeia ohne Bindung, durchaus nicht trachtete, sich mit Mucia nach ihrer Trennung von Pompeius zu verbinden. Mucia vermählte sich bald mit Marcus Aemilius Scaurus[2]). Caesar, der große Menschenkenner, hatte eben auch Mucias große Gabe erkannt, Menschen zu beeinflussen, zu überreden und so als Vermittlerin zu dienen. In dieser Eigenschaft nämlich tritt uns Mucia stets entgegen, zunächst bei einem Vorfall des Jahres 63.

Am 10. Dezember 63, im Konsulatsjahr Ciceros, trat Caecilius Metellus Nepos, ein Bruder Mucias und Legat ihres Gatten, das Amt des Volkstribunen an[3]). Er galt als Wegbereiter für die Alleinherrschaft des noch im Osten weilenden Pompeius, war also Gegner der senatorischen Oligarchie. Cicero hatte nun einen Ausspruch des Nepos in Erfahrung gebracht, daß dieser seine ganze Amtsgewalt als Tribun dazu verwenden wolle, Cicero zu verderben. In seiner Angst wendet sich daher Cicero an Clodia, die Schwägerin des Metellus Nepos und an Mucia, dessen Schwester, die Gattin des Pompeius, um durch diese Frauen jenen von seinem Vorsatz abzubringen. Aber Metellus Nepos beharrte dabei und tat Cicero an, „was nicht einmal der verruchteste Bürger im Amt je erfahren hatte, ihm, der den Staat gerettet hatte“: er verbot Cicero, beim Rücktritt vom Konsulat Bericht zu erstatten über seine Tätigkeit[4]).

Damals scheint Mucias Einfluß also versagt zu haben. Aber in jener Zeit stand sie schon in Verbindung mit Caesar — bekam sie doch bald darauf seinetwegen den Scheidebrief — und Caesars Name stand auch hinter jener Verschwörung, die Cicero aufgedeckt hatte und die er nun vor aller Welt brandmarken wollte. Auch hatte Cicero dazu beigetragen, daß das Ackergesetz des Rullus,

1) G. Ferrero, Größe und Niedergang Roms (Übersetzung von Pannwitz 1908), S. 284.

2) Asconius, Scaur. 17.

3) Cic. ad fam. V 2, 6.

4) Cic. ad fam. V 2.

eines Gesinnungsfreundes Caesars, abgelehnt wurde. Sollte nun nicht vielleicht Mucia im Interesse Caesars und unter seinem Einfluß ihren Bruder noch in seinem Vorhaben gegen Cicero bestärkt, ihn vielleicht gar dazu veranlaßt haben? Eine Bestätigung dieser Vermutung bieten die politischen Absichten Caesars, des Geliebten der Mucia. „Die Oligarchie“ (die man ja in Cicero treffen konnte) „auf jede Weise zu schwächen, Pompeius nicht zu größerer Macht kommen zu lassen“ [1]), wurde zum Leitsatz seiner Politik. Mit Hilfe Mucias sollte Metellus Nepos, ein Beauftragter des Pompeius, durch seinen Angriff auf Cicero immer stärker in den Gegensatz zum Senat getrieben werden und mit ihm Pompeius selbst. Caesar hätte somit eine doppelte Sicherung seines künftigen Verhältnisses zu Pompeius erreicht: einmal sollte dieser durch Mucias Beeinflussung persönlich für Caesar gewonnen werden und andererseits Pompeius durch das Vorgehen seines Legaten gezwungen sein, sich der senatsfeindlichen Partei, damit Caesar zu nähern. Im Schnittpunkt aber dieser diplomatischen Bewegungslinien steht Mucia Tertia, eine Frau als Mittlerin und Förderin wichtiger innerpolitischer Bestrebungen.

## Clodia, Schwester des Clodius.

Gleichzeitig mit Mucia wurde auch Clodia von Cicero gebeten, sich für ihn bei Metellus Nepos einzusetzen [2]). Auch Clodia war eine Verwandte des Nepos, die Frau seines Bruders Q. Metellus Celer. Es ist jene berühmte Frau, deren Schönheit und gefährlichen Reiz Catull in seinen Liedern von Lesbia besingt, deren Frivolität und Verderbtheit Cicero mit leidenschaftlichem Haß der Welt vor Augen führt [3]). Wenn auch sie Cicero nicht vor den Angriffen ihres Schwagers Metellus Nepos geschützt hat, so bedeutet das ebensowenig wie bei Mucia, daß etwa ihr Einfluß nicht mächtig genug war, sondern daß sie ihn vielmehr nicht oder in entgegengesetzter Richtung betätigte [4]). Auch Clodia tat nichts für die Gegner Caesars und mußte dadurch Caesar selbst sich zu Dank verpflichten. Ja, wie sie später ihren Geliebten Catull davon abbrachte, Spottlieder

---

1) J. Vogt, Die römische Republik (Freiburg 1932). S. 242.

2) Cic. ad fam. V 2.

3) Cic. pro Caelio 18; 30—35; 47; 50; 62 usw.

4) Cicero selbst ist von der Macht der Vermittlung Clodias überzeugt; vgl. ad Att. II 14, 1; II 22, 5.

gegen Caesar zu dichten [1]), so wird sie auch jetzt schon positiv und bewußt für Caesar eingetreten sein. Ciceros Haß gegen sie und ihre Familie stammt aus jener Zeit. Als bald darauf (im Jahre 62) der Bruder Clodias, der berüchtigte Volkstribun Clodius, sich gegen die Bona Dea verging, indem er sich in Frauenkleidern bei der Feier im Hause Caesars einschlich, um sich dessen Gattin Pompeia zu nähern [2]), da war Cicero der lauteste Eiferer gegen den Verbrecher. Caesar dagegen, der persönlich Betroffene, ließ Clodius unangefochten [3]). Darin erkennen wir Caesars Dank für Clodias Dienste — überdies mochte er in Clodius bereits einen brauchbaren Helfer entdeckt haben — während in Ciceros Verhalten gegen einen bisherigen Freund [4]) ebenso stark die Rache für Clodias ihm versagte Hilfe zu spüren ist [5]).

Für die Jahre 63 und 62 erkennen wir somit ein ganzes Geflecht von Beziehungen halb privater, halb politischer Art in wechselndem

1) R. Ellis, Commentary on Catullus (2. Aufl. Oxford 1889) zu Catull 36, S. 123.

2) Cassius Dio XXXVII 45; Cic. ad Att. I 12, 3; Vell. II 45, 1; Suet. Iulius 74, 2.

3) Plut. Cic. 10, 4. Die Nachricht des Asconius (in Milon. 55), daß auch Clodius wie Caesar zu den Catilinariern gehört habe, im Gegensatz zu Plutarch (Cic. 29), welcher Clodius noch für das Jahr 63 als Anhänger Ciceros bezeichnet, mag dahin zu entscheiden sein, daß Caesars Schonung des Clodius nicht dessen Mitschuld an der Verschwörung andeutet, sondern wie oben gezeigt zu motivieren ist. Die Überlieferung bei Plutarch wird zu halten sein, denn Cicero würde sich schwerlich an die Schwester seines Feindes um Hilfe gewandt haben.

4) Plut. Cic. 29.

5) Plutarch (Cicero 29) überliefert, man hatte den Eindruck, daß Cicero nicht um der Wahrheit willen gegen Clodius Zeugnis gab, sondern nur, weil er sich seiner Gattin Terentia gegenüber rechtfertigen wollte, die ihm Clodias wegen eifersüchtige Vorwürfe gemacht hatte. Auch diese sicherlich nicht ganz der Wahrheit entsprechende Angabe vermag obige Auffassung nur zu stützen. Sie bestätigt, daß vor dem Prozeß des Clodius Cicero und Clodia befreundet waren, ferner daß Ciceros Feindschaft bei diesem Anlaß erstmalig zutage trat und schließlich, daß man in seinem Eifern gegen Clodius eine Stellungnahme gegen dessen Schwester Clodia sah. Das waren die Eindrücke, die die Öffentlichkeit von Ciceros Verhalten empfing. — Sie haben wohl auch jene bei Plutarch vertretene Ansicht entstehen lassen. Das Erstaunen über die plötzlich hervorbrechende Feindseligkeit des Cicero, das Gefühl, daß persönliche Gründe dahinterstecken müßten, äußerte sich bald in dem Erklärungsversuch von Terentias Eifersucht. Daß aber Cicero tatsächlich in einer solch bitterbösen Weise gegen seine Freunde vorging, nur um seine Gattin zu beruhigen, können wir doch kaum dem klatschsüchtigen Großstadtpublikum des alten Rom nacherzählen. Vgl. dagegen Ed. Meyer, Caesars Monarchie S. 47.

Zusammenhang, in dessen Knotenpunkten Frauen mit ihrem Einfluß eingreifen. Mucia hatte die Interessen ihres Gatten preisgegeben und sich für dessen Nebenbuhler Caesar verwendet. Die wortlose Entlassung Mucias durch Pompeius war eine vorwurfsvolle Geste Caesar gegenüber, ein Lossagen von ihm. Aber auch Caesar entließ seine Gattin Pompeia [1]), durch die er sich einst dem Pompeius zu nähern gesucht hatte [2]). Zwischen den beiden steht Cicero, anfänglich mehr zu Pompeius neigend, aber jetzt auch nach dem Plane Caesars unter Mucias und Clodias Mithilfe gegen ihn verstimmt, da sein Legat ihn auf das empfindlichste verletzt, ihm die Früchte seiner politischen Tätigkeit zu ernten verwehrt hatte.

Beachtenswert ist, daß in allen diesen Kämpfen zum Zwecke der Ausschaltung eines politischen Gegners verfassungsmäßige Mittel schon stark in den Hintergrund treten. Man sucht auf dem Wege über private Beziehungen sein Ziel zu erreichen und dabei spielen die Frauen eine nicht unbeträchtliche Rolle. Es ist dies eine charakteristische Erscheinung eben der Zeit, in welcher das persönliche Regiment sich entwickelt und durchzusetzen sucht. Die Bedingtheit dieser Erscheinung durch eben diese Entfaltung einer Alleinherrschaft zeigt deutlich das Beispiel des Hellenismus, wo ebenfalls unter den gleichen Umständen die stärkste Inanspruchnahme persönlicher Bindungen und im Zusammenhang damit ein größerer Einfluß der Frauen zu beobachten ist.

## Servilia, Schwester Catos und Mutter des Brutus.

Während aber im hellenistischen Osten die Einsetzung der Monarchie an sich ein einmaliger Akt war und lediglich den Frauen des herrschenden Hauses selbst politische Bedeutung zukam, standen in Rom lange Zeit neben den Vorkämpfern der Alleinherrschaft die Verteidiger des aristokratisch-oligarchischen Prinzips, bei denen natürlich auch bedeutende Frauen politischen Einfluß erlangten. Gerade hier ist eine der hervorragendsten Gestalten der römischen Frauenwelt überhaupt zu finden. Diese Frau, Servilia, die Mutter des Caesarmörders Brutus, hat zeitweilig die innerpolitische Lage in Rom maßgebend beeinflußt. Sie verstand es, innerhalb ihrer Familie und weit darüber hinaus eine für römische Frauen einzig-

1) Cic. ad Att. I 13, 3; Dio XXXVII 45; Plut. Cic. 10, 4.

2) Siehe oben S. 78.

artige Autorität zu erringen, der sich auch Cato beugte[1]) und selbst Caesar nicht verschlossen haben soll. Durch ihre Abstammung gehörte sie in den Kreis der Nobilität; das servilische war neben dem julischen das angesehenste der albanischen Geschlechter in Rom[2]). Sie war die älteste Tochter des Q. Caepio und der Livia[3]), einer Schwester des Volkstribunen von 91 M. Livius Drusus. Durch eine zweite Ehe ihrer Mutter mit M. Porcius Cato wurde sie die Halbschwester des dieser Ehe entstammenden Cato Uticensis. Nach dem frühen Tod der Eltern übernahm sie als älteste Schwester die Sorge für die zahlreichen Geschwister und Halbgeschwister. So wuchs sie frühe in die Aufgabe hinein, die sie später mit ganzer Kraft verfolgte, die Erhaltung ihrer angestammten Familie und möglichste Stärkung ihres Machteinflusses.

Servilia ist eine der römischen Aristokratinnen, die von dem Glanz ihres Hauses mit Stolz erfüllt sind, die im Bewußtsein der Größe und geschichtlichen Bedeutung ihrer Vorfahren ihren einzigen Ehrgeiz darin sehen, nach Kräften die Tradition ihres Hauses zu wahren und sein Ansehen zu erhöhen. Auch die beiden Ehen Servilias hinderten sie nicht, ihre Wirksamkeit vor allem ihrer väterlichen Familie zu widmen. Die Erziehung ihrer Kinder leitete sie vornehmlich im Sinne servilischer Familientradition. Nachdem ihr erster Gatte M. Iunius Brutus als Gegner des sullanischen Werkes von Pompeius gegen sein Treuwort getötet worden war (77), erfüllte sie den Sohn mit dem Haß gegen den Mörder seines Vaters[4]); im übrigen jedoch erzog sie ihn ganz in den Traditionen ihrer Familie, die sie mit starker Betonung auf das Geschlecht des Befreiers Servilius Ahala zurückführte[5]), eine Abstammung, die sie sich in einer Genealogie ausdrücklich bestätigen ließ[6]). Um ihrem Sohn die Zugehörigkeit zur Gens Servilia noch stärker zum Bewußtsein zu bringen, ließ sie ihn von ihrem Bruder adoptieren[7]). Auch darin, daß sie durch eine zweite Ehe für ihren Sohn D. Iunius Silanus zum

1) Plut. Cato min. 1, 1; 21, 2; 32, 3; Brut. 2, 1; Cassius Dio XLIV 13, 1; Asconius, Scaur. 17 (Kießling-Schöll).

2) Münzer, R.-E.[2] II A 1759.

3) Münzer, Servilia Nr. 101 in R.-E.[2] II A 1817.

4) Plut. Pomp. 64, 3: Brutus 4, 2.

5) Plut. Brut. 1, 2; Nepos, Atticus 18, 3.

6) Nepos a. a. O.

7) Cic. Phil. II 26; X 14; Plut. Caesar 62, 1. Vgl. Münzer, Adelsparteien, S. 337—339.

Stiefvater wählte, knüpfte sie an servilische Überlieferung an, da Silanus nicht nur ein Geschlechtsgenosse von Brutus leiblichem Vater war[1]), sondern eine politische Verbindung zwischen den Familien der Servilii und der Iunii Silani seit langem aufzuweisen ist[2]).

Auch die drei Töchter, die dieser zweiten Ehe Servilias entstammten, mußten den Interessen ihres Hauses dienen. Als im Jahre 61 Pompeius nach seiner Rückkehr aus Asien und seiner Scheidung von Mucia für sich und seinen Sohn um die Hand zweier Töchter Servilias bat, wurde er von Cato, dem Onkel der beiden Mädchen, abgewiesen[3]). Der politische Gegensatz des Oheims zu Pompeius und gewiß der unversöhnliche Groll der Mutter gegen den Mörder ihres früheren Gatten ließen eine, wenn auch noch so glänzende Verbindung mit dem in diesen Tagen mächtigsten Römer nicht zu. Vielmehr gestattete man sich eine sehr selbstbewußte, zugleich vorwurfsvolle Geste gegen diesen, indem Servilia ihre eine Tochter mit dem Sohne eben jenes M. Aemilius Lepidus[4]) vermählte, mit welchem zusammen D. Iunius Brutus, Servilias erster Gatte, durch Pompeius den Tod gefunden hatte. Diese Ehe war überdies eine Fortführung jahrhundertealter Familienbeziehungen zwischen den Aemiliern und Iuniern. Durchaus im Sinne servilischer Hauspolitik aber erfolgten die Eheschließungen der zweiten Tochter Servilias, Iunia, und ihres Sohnes Brutus, die, in beiden Fällen durch Servilia geschaffen, eine ungeheure Machtsteigerung ihrer Familie bedeuteten. Iunias Gatte wurde P. Servilius Isauricus[5]), nach servilischer Tradition Gesinnungsgenosse Catos, des Stiefbruders der Servilia, dem er durch die Verbindung mit dessen Nichte noch enger verbunden wurde. Überdies wurde durch diese Ehe auch die Vereinigung zweier verschiedener Linien des servilischen Hauses bewerkstelligt.

Noch eindeutiger hatte die Eheschließung des Brutus den Sinn, die auseinanderstrebenden Linien des servilischen Stammes aufs neue zusammenzuführen. Gemahlin des Brutus wurde Claudia, eine

---

1) Der genealogische Zusammenhang der Iunii Bruti und der Iunii Silani steht außer Zweifel; s. Münzer, R.-E.[2] X 961.

2) Münzer, Adelsparteien, S. 347.

3) Plut. Pom. 44, 2; Cato min. 30, 2; 45, 1—2; vgl. Münzer S. 103; 350; 339.

4) Münzer, R.-E.[2] X 1110 f., Nr. 193.

5) Münzer, R.-E.[2] II A 1798 f., Nr. 67.

Tochter des Ap. Claudius Pulcher[1]). „Beide Gatten waren die Kinder von Töchtern des servilischen Hauses; in ihrem Bunde vereinigten sich die letzten Sprößlinge der zwei vor einem Jahrhundert gespaltenen Linien des Caepionenhauses. Die Mütter haben ihn zustandegebracht, auf daß der fast verdorrte Stamm des uradeligen Geschlechtes neue, frische Triebe zeitigen möge[2]).“ Überdies knüpfte Servilia ein noch engeres Band, das die Erhaltung und Festigung des servilischen Hauses noch sicherer gewährleisten sollte, indem sie zwei ihrer eigenen Enkel durch ein Ehebündnis vereinigte[3]). Der älteste Sohn des M. Aemilius Lepidus und ihrer Tochter Iunia, welcher im Jahre 30 einen Anschlag auf Caesar Octavianus mit dem Tode büßen mußte, war vermählt mit der Tochter von Servilias Tochter Iunia Tertia und von P. Servilius Isauricus, mit Servilia. Das war in der Tat ein äußerst enger Zusammenschluß innerhalb einer Familie, da auch die Gattin des jungen Lepidus schon aus der Vereinigung zweier Linien der Gens Servilia hervorgegangen war. Diese starke Geschlossenheit eines Familienverbandes und die sich daraus ergebende mächtige Stoßkraft der blutmäßig verbundenen Menschen im politischen Kampf war das Werk einer Frau. In den Zeiten des Untergangs der Republik und ihrer Träger, der Nobilität, wurde in ihr jahrhundertealte Tradition lebendig wirksam und befähigte sie, den drohenden Verfall zu erkennen und ihn wenigstens von dem Hause ihrer Ahnen fernzuhalten, dieses über alle Zersplitterung hinweg machtvoll zu einen und in die neue Zeit hinüberzuretten, sei es nun als feindliches Bollwerk gegen das neue Regiment oder als dessen kraftvolle Stütze.

Vom Standpunkt der Adelsherrschaft aus waren Servilias familienpolitische Maßnahmen von weittragender Bedeutung; außerdem aber charakterisieren sie aufs deutlichste die Persönlichkeit dieser Frau. Servilia erscheint durch das überaus zielbewußte Verfolgen ihrer Pläne, die alle Mitglieder ihrer Familie der Reihe nach erfassen, als eine Frau von männlicher Energie. Dieses kompromißlose Vorwärtsschreiten, das rücksichtslose Verfügen über die nah verwandten Menschen kennzeichnet die durchaus vernunftmäßige Denkweise dieser Frau, vor allem aber ihre unbeirrbare Willenskraft, die sich, von klarer Erkenntnis der Notwendigkeiten geleitet, einzig und allein

1) Cic. ad Att. XII 20, 2; vgl. Münzer S. 253—257; 340.

2) Münzer S. 340.

3) Münzer S. 354, 370 und 372.

auf die Verwirklichung ihrer familienpolitischen Ideen zu konzentrieren scheint. Dazu muß Servilia ein gewinnendes Wesen, eine geniale Kunst der Menschenbehandlung besessen haben; denn die Menschen, über welche ihr Wille bestimmte, beugten sich nicht nur ihrer Autorität, sondern empfanden Ehrfurcht und Liebe für sie. So steht die außergewöhnliche Frau ebenbürtig neben dem größten Manne ihrer Zeit, neben Iulius Caesar und es ist nicht zu verwundern, daß gerade diese beiden Menschen eine tiefe Zuneigung zueinander faßten. Servilia ist die Frau, die Caesar vor allem liebte[1]). Nicht minder als ihre politische Zielstrebigkeit ist auch diese Liebesbeziehung kennzeichnend für Servilias ganze Haltung und Anschauung. Freilich war sowohl Caesar als auch Servilia in den Jahren 62 bis 59 unvermählt[2]), und hatte die Auflösung der alten Zucht eine weitgehende Duldung solch freier Beziehungen zwischen Männern und Frauen der Gesellschaft mit sich gebracht. Mit einer spöttischen Anspielung, einem lächelnden Witz ging man über solche Erscheinungen der Emanzipation hinweg. Aber dennoch wußte man Frauen, die dem alten Ideal der römischen Matrone entsprachen, noch immer zu schätzen. Nicht nur im Vergleich mit Cornelia, der Mutter der Gracchen, die man auf eine Stufe stellte mit Alkestis und Penelope[3]), sondern auch durch Gegenüberstellung zeitgenössischer Frauen, etwa der Octavia und jener Cornelia aus der Elegie des Properz[4]) erscheint Servilia, die Frau aus einem der vornehmsten Adelsgeschlechter, durchaus revolutionär. Nur dadurch, daß sie sich in ihrem starken Selbstbewußtsein, im Gefühl ihres mächtigen Einflusses über den Spott der Standesgenossen, über letzte Reste einer sittlicheren Anschauung, die immerhin noch vorhanden waren[5]), hinwegsetzte, konnte sie die Beziehung zu Caesar aufrechterhalten, welche ihr vermehrten Einfluß auf die Politik gestattete.

Wir dürfen annehmen, daß Caesar die Bedeutung Servilias erkannt hat und ebenso, daß er bei der Innigkeit ihres Verhältnisses und der geistigen Höhe Servilias in manchen Dingen die Meinung dieser Frau hörte. Erhalten sind uns allerdings nur geringwertige Andeutungen über eine Einwirkung Servilias auf das Verhalten Caesars.

---

1) Sueton Iul. 50, 2.

2) Münzer, R.-E.[2] II A 1819.

3) Aelian, varia hist. XIV 45, 1.

4) Properz IV 11.

5) Vgl. Ciceros Urteil über Clodia (oben S. 86,3), siehe auch CIL VI 1527 und 15346.

Cicero spricht einmal in boshaftem Tone die Vermutung aus, Caesar habe anläßlich des Vettius-Prozesses auf eine „nächtliche Fürsprache" Servilias hin von einer Anklage des Brutus abgesehen [1]). Auch soll Brutus die Erhaltung seines Lebens nach der Schlacht von Pharsalus allein den Bitten seiner Mutter bei Caesar zu verdanken haben [2]). Entschieden wertvoller ist die Nachricht, daß Servilia Caesar während einer Senatssitzung einen Brief zukommen ließ, den jener auch während der Sitzung sofort öffnete und las [3]). Während die Zeitgenossen dieser Episode darin einen Beweis für das Liebesverhältnis zwischen den beiden Menschen erblickten, sind wir viel eher geneigt, darin eine Bestätigung dafür zu finden, daß Caesar in politischen Dingen Ratschläge und sonstige Hilfeleistungen von Servilia annahm. Weit aufschlußreicher über die Art des Verhältnisses zwischen Caesar und Servilia ist die Tatsache, daß jene in der Verfolgung ihrer familienpolitischen Ziele auch vor Caesar nicht haltmachte. War ja doch ihr Sohn Brutus der Verlobte von Caesars Tochter Iulia [4]), jener Servilius Caepio, wie er nach der Adoption hieß, der dann der größeren politischen Bedeutung des Pompeius hatte weichen müssen [5]). Bei dem Zustandekommen dieses Verlöbnisses wird Servilia ein bedeutender Einfluß zuzumessen sein, denn es steht vollkommen in Einklang mit ihrem vorgezeichneten Ziel, den Glanz ihres Hauses zu mehren und zu stärken. Aber nicht nur die Gepflogenheit Servilias, dieses ihr Ziel in anerkannt geschickter Weise [6]) durch Schaffung politisch orientierter Ehebündnisse zu erreichen, dient zur Bekräftigung des Beweises, sondern vor allem ihr besonders ausgeprägtes Streben, Bande der Tradition und namentlich des Blutes wieder aufzunehmen und für immer zu vereinigen. Denn auch zu Caesar hatte Servilia verwandtschaftliche Beziehungen. Ein Großonkel Servilias war P. Rutilius Rufus, der Bruder jener Rutilia, die mit M. Aurelius Cotta, einem Großonkel Caesars verheiratet war. Der Großonkel Servilias war also der Schwager des Großonkels

1) Cic ad Att. II 24, 3: ut appareret nocturnam deprecationem intercessisse.

2) Plut. Brut. 5; Vell. II 52, 5.

3) Plut. Cato min. 24, 1 = Brutus 5, 2.

4) Münzer S. 338 ff.

5) Sueton, Iulius 21; Plut. Caes. 5; Pomp. 47, 4. Der Beweis der Identität des Brutus, des Sohnes der Servilia, mit Servilius Caepio, dem Verlobten der Iulia, ist meines Erachtens von Münzer (Röm. Adelsparteien) glänzend erbracht.

6) Man hatte selbst die Wiederverheiratung Tullias, der Tochter Ciceros, vertrauensvoll in ihre Hände gelegt: Cic. ad Att. V 4, 1; VI 1, 10.

Caesars [1]). Diese Verwandtschaft ist allerdings eine etwas weitläufige. Aber in Rom hatte man zweifellos ein viel stärkeres Empfinden für derartige Beziehungen und namentlich Servilia wird den Wert dieser Verbindung erkannt und betont und sie noch enger zu gestalten versucht haben. Die nahe verwandtschaftliche Bindung mit dem großen Iulius Caesar mußte ihr als die schönste Verwirklichung ihrer hochfliegenden Pläne erscheinen.

Römischer Volksglaube hatte, weniger auf Grund ihrer tatsächlichen Verwandtschaft, als in Anbetracht der Liebesbeziehung zwischen Caesar und Servilia, einen tragischen Zug in dem Verhältnis Caesars zu Brutus konstruieren wollen dadurch, daß er Caesar zum Erzeuger seines eigenen Mörders machte [2]). Die Wirklichkeit kommt dieser Tragik, wenn auch nur wenig, nahe, insofern als Caesar in der Tat mit seinem Mörder durch dessen Mutter, seine Geliebte, verwandt und zeitweise sogar sein Schwiegervater ist. Wahrhaft tragisch ist dagegen Servilias Geschick, daß sie gerade durch die Tätigkeit, welche sie groß erscheinen läßt, durch die Sorge um die Erhaltung und Förderung ihres Hauses den Untergang des Mannes beschleunigt, dem sie in Freundschaft nahestand und der allein vielleicht ihre geistige Bedeutung richtig zu werten imstande war, indem sie seine Mörder gegen ihn einte, ja den einen von ihnen selbst geboren hatte und in der Tradition der Freiheitshelden Servilius Ahala und und D. Brutus erzog und jenem als Tochtersohn zuführte.

## Iulia, Tochter Caesars.

Die Hoffnungen, die Servilia auf die Verschwägerung ihres Sohnes mit Caesar gesetzt hatte, bewahrheiteten sich nicht [3]). Denn Caesar

---

1) Ein Ergebnis aus der Zusammenfügung zweier von Münzer aufgestellten Stammtafeln (für Servilia: Röm. Adelsparteien S. 282; für Caesar S. 327):

M. Livius Drusus; Livia ∾ Rutilius; Rutilia ∾ M. Aur. Cotta; L. Aur. Cotta

| | |
|---|---|
| Livia | Aurelia |
| Servilia | Caesar |
| Brutus | Iulia |

2) Plut. Brutus 5, 2; Caesar 46, 2.

3) Die Verlobung ihrer Enkelin Servilia, Tochter des P. Servilius Isauricus, mit Caesars Großneffen Octavius (Suet. Aug. 62, 1; Dio XLVI, 56, 3) nach der Schlacht von Mutina (Münzer R.-E. II A 1801) brachte auch nur eine vor-

löste kurz vor der Hochzeit das Verlöbnis seiner Tochter mit Q. Caepio Brutus[1]), da er von diesem Haß nicht fürchten mußte, von Pompeius aber, den er sich jetzt zum Schwiegersohn erwählte, große politische Vorteile erwarten konnte. Brutus wurde jetzt mit der Tochter des Pompeius verlobt; doch auch dieses Versprechen wurde nicht eingelöst. Denn Pompeia wurde die Gattin des Faustus Sulla[2]).

Caesar hat also die persönlichen Beziehungen zu Servilia und ihrem Sohn rücksichtslos fallengelassen, als er Gelegenheit hatte, mit Hilfe seiner Tochter Iulia seinen gefährlichsten Gegner, Pompeius, auf seine Seite zu bringen. Diese allen völlig unerwartete Verbindung des Pompeius mit der Tochter Caesars erregte großes Aufsehen in den politischen Kreisen Roms. Jeder erkannte natürlich die damit verbundene politische Absicht; besonders Cicero fürchtete, daß sie nur den Weg bahnen sollte zu neuem Verderben, sah in dieser Koalition eine noch wirksamere Bekämpfung der senatorischen Oligarchie[3]).

Unmittelbare Folge der Vermählung war, daß Caesar nun im Senate den Pompeius als ersten um seine Meinung fragte[4]). Das bedeutete für Pompeius eine Steigerung seines Ansehens; zugleich erklärte sich dadurch Caesar mit dessen Politik einverstanden und brachte zum Ausdruck, daß er den Anschluß an die Anträge des Pompeius wünschte.

Im übrigen fand Caesar die Absichten, die er mit der Vermählung Iulias verband, noch unterstützt dadurch, daß seine Tochter auch von Pompeius größte Achtung und Liebe erfuhr[5]); daß also Iulia in hohem Maße geeignet war, Mittlerin zu sein zwischen den beiden Machthabern, die sie als Vater und Gatte liebten. Freilich beleuchtet nichts so sehr die völlige Entartung der Ehe, das jeglichen moralischen Standpunkt leugnende Vorherrschen von Geschäft und Berechnung in den persönlichen Beziehungen der Römer jener Zeit, wie gerade diese Ehe Iulias, der Tochter Caesars, mit Pompeius. Nicht nur, daß Caesar sich kein Gewissen daraus machte, einen

übergehende Annäherung des servilischen und julischen Hauses. Nach dem Abschluß des Triumvirates verlobte sich Octavius mit der Stieftochter des Antonius.

1) Sueton. Caesar 21; App. b. c. II 50; Dio XXXVIII 9, 1.

2) Drumann-Groebe a. a. O IV 592.

3) Cic. ad Att. II 17, 1.

4) Sueton. Caesar 21; Gellius IV 10, 5-7.

5) Plut. Pomp. 48, 53.

persönlich befreundeten jungen Menschen, der ihm obendrein wichtige politische Dienste gegen Bibulus geleistet hatte, zu entlassen, ihm wenige Tage vor der Hochzeit aus politischen Gründen die Verlobung aufzukündigen; geradezu frivol erscheint es, daß Pompeius den gleichen jungen Mann, dessen Vater er einst getötet hatte, dem er nun die Braut nahm, durch die Hand seiner Tochter entschädigen will, daß er weiter, politischer Vorteile wegen, die Tochter eben des Mannes heiratet, um dessentwillen er einst seine Gattin entlassen hatte. Mit fast zynischer Gleichgültigkeit übersah man solche Umstände. So setzte sich auch Caesar darüber hinweg, als er die Verwirklichung des Planes, die er damals schon über die Person Mucias zu erreichen gesucht hatte, nämlich Pompeius für sich zu gewinnen, nun durch seine Tochter Iulia ermöglicht sah.

Iulia war somit im Dienste der Politik ihres Vaters die Nachfolgerin Mucias. Doch die Art ihrer Wirksamkeit war gänzlich verschieden von der ihrer gewandten Vorgängerin. Durch ihr bloßes Dasein, so scheint es, hat sie für einige Zeit die günstigste Wirkung auf Pompeius ausgeübt. Dieser soll so im Banne der jungen Iulia gestanden haben, daß er eine Zeitlang selbst seine Staatsgeschäfte darüber vernachlässigte und Clodius diese Gelegenheit ergriff, ihn zu verdrängen [1]. Es war eine Art Gegenzug, wenn Pompeius sich nun dem Senat gefällig erwies, indem er für die Rückberufung Ciceros aus der Verbannung sorgte. Jedoch das Ansinnen des Culleo, Iulia zu entlassen, d. h. sich dadurch von Caesar zu trennen und noch stärker dem Senat zu nähern, lehnt er entschieden ab [2]. Die Liebe zu Iulia hielt ihn von einem Schritt zurück, den er nach ihrem Tod zu tun sich nicht scheute. Der Vorschlag des Culleo aber hat gezeigt, daß man die Bedeutung Iulias und ihrer Ehe voll erkannte und wertete.

Obwohl keine Nachricht aus dem Altertum uns davon Kunde gibt, daß Iulia in einem bestimmten Falle Einfluß auf die Staatsgeschäfte ihres Vaters oder Gatten zu gewinnen suchte, weder auf den etwaigen Wunsch des einen noch aus eigener Initiative, so muß sie doch stets dahin gewirkt haben, daß sich die Wege der beiden Männer nicht trennten. Einen sprechenden Beweis dafür

1) Plut. a. a. O. Clodius beseitigte als Volkstribun manche von den Anordnungen des Pompeius, ließ dessen Freunde gerichtlich belangen und suchte vor allem durch Hetzreden die Stimmung des Volkes gegen ihn aufzubringen.

2) Plut. Pomp. 49, 3.

dürfen wir wohl in der Bedeutung erblicken, welche das Volk ihrer Person beimaß. Denn tiefste, schmerzlichste Trauer erfaßte das römische Volk beim Ableben jener Frau (Sept. 54), wie Tacitus[1]) und Seneca[2]) uns überliefern und wie wir aus den Briefen Ciceros[3]), aus dem Epos der Vergil[4]) und besonders eindrucksvoll in der dichterischen Gestaltung Lucans[5]) erkennen. Ungeheuer war die Erregung im ganzen Lande und allgemein verbreitet der Glaube, daß mit dem Tode Iulias jegliches Band zwischen den beiden bisher vereinten Herrschern zerrissen sei.

Doch Caesar war nicht gewillt, das freundschaftliche Band zu lösen, suchte es vielmehr durch Schaffung einer neuen Verwandtschaft wieder aufzunehmen. Er warb für sich um die Tochter des Pompeius und trug diesem die Hand der Enkelin seiner Schwester an. Pompeius aber schlug beide Werbungen aus und verband sich selbst mit Cornelia, der Tochter des Quintus Metellus Scipio[6]).

Damit war zunächst in der Familienpolitik der Bruch vollzogen. Wie zu dieser persönlichen Entfremdung bald politische Anfeindungen sich gesellten, bis die Lage sich derart zuspitzte, daß nur noch eine Entscheidung durch die Waffen möglich war, ist hier darzulegen nicht nötig. Von ausschlaggebender Bedeutung für die Beurteilung Iulias ist die Tatsache, daß sofort nach Iulias Tod Pompeius sich offen in Gegensatz zu Caesar stellte. Schon jahrelang vorher trat bei Pompeius immer wieder die Tendenz zutage, sich von Caesar zu lösen, ohne daß er sich je zu einem entscheidenden Schritt verstand, obwohl der frühere Zeitpunkt der günstigere war, da Caesars Macht von Jahr zu Jahr sich steigerte. Wenn also Pompeius unter all diesen Umständen sich gegen Caesar nie als Feind erhob, aber mit dem Tode Iulias in einem Augenblick alle Scheu von sich warf und zum Schlage ausholte, so können wir wohl mit Sicherheit behaupten, daß neben mancherlei politischen Erwägungen besonders auch die Rücksichtnahme auf Iulia und wahrscheinlich auch deren persönliches Bemühen ihn dazu bewog, eine vorgetäuschte Freundschaft zu erhalten und weiterzupflegen.

---

1) Tac. ann. III 6.

2) Seneca, cons. ad Marciam 14, 3.

3) Cic. ad Qu. fr. III 1, 17; 24; III 6 (8), 3; ad fam. VII 9, 1.

4) Vergil. Aen. VI 829 ff.

5) Luc. I 109 ff.

6) Plut. Pomp. 55, 1; 1; Dio XL 51, 23.

Die Haltung des Volkes bei Iulias Tod bestätigt in hohem Maße diese Vermutung. Man verehrte in Iulia mit Recht die Frau, die für einige glückliche Jahre den Frieden verbürgt hatte. Auffallenderweise hat wieder gerade das Volk dieses Verdienst einer Frau rückhaltlos anerkannt. In seiner Trauer um den Tod der Friedensvermittlerin ersann es sich auch die gebührende Ehrung für diese Frau: es trug sie, anderen Wünschen des Pompeius und dem Einspruch des Konsuls zum Trotz in begeistertem Zuge zum Marsfeld[1]) und bestattete sie dort als erste Frau in dem heiligen Boden des Mars, eine Ehre, die man nur wenigen Männern erwiesen hatte[2]).

Es ist beachtenswert, daß diese Anerkennung und Ehrung einer Frau wiederum vom Volke ausging. Im Falle Iulias werden uns auch die Gründe mitgeteilt, die das Verhalten des Volkes bestimmten. Neben der Liebe zu Iulia, die der Erkenntnis ihrer hohen Bedeutung zur Erhaltung des Friedens entsprungen war, bildete auch die Achtung für Caesar ein wirksames Moment[3]). Durch die Ehrung der Tochter gedachte man sich dem Vater zu empfehlen. Iulia wurde somit zu politischer Bedeutung erhoben, abwechselnd durch die politische Absicht des nach der Alleinherrschaft Strebenden und andererseits durch das einem überragenden Führer entgegenkommende Vertrauen des Volkes. Denn im Gegensatz zu der um ihre Herrschaft kämpfenden Oligarchie mußte dem römischen Volk im Augenblick mehr an einer den Frieden garantierenden Führung durch einen Einzelnen gelegen sein als an der Erhaltung des senatorischen Regiments mit seinen stets sich erneuenden Kämpfen. Das kommt in der überraschend großen Trauer um Iulia und ihrer auffallend hohen Ehrung deutlich zum Ausdruck. Schließlich macht sich noch ein anderer Gesichtspunkt geltend, nämlich der, daß das römische Volk, d. h. die Bevölkerung der Stadt Rom, von der früheren streng republikanischen Einstellung abgehend, bereits Untertanengesinnung zeigt, indem es nicht nur die Mächtigen selbst, sondern auch ihre Frauen, ihr Haus verehrt. Das dynastische Streben des Prinzipats

1) Plut. Caes. 23; Pomp. 53; Livius ep. CVI; Suet. Iulius 84, 1; Dio XXXIX 64.

2) Servius ad Vergil. Aen. IX 272: mos fuerat, ut viris fortibus sive regibus pro honore daretur aliqua publici agri particula, ut habuit Tarquinius Superbus in campo Martio. Vgl. App. b. c. I 106. — Ein Begräbnis auf dem Marsfeld erhielten auch Sulla (Livius ep. XC; Dio LXVII 13; Plut. Sulla 38), Hirtius und Pansa (Liv. ep. 119) und Caesar (Suet. Iulius 84; Dio XLIV 51, 1). Vgl. Jordan-Huelsen, Topographie der Stadt Rom I 3, 475.

3) Cass. Dio XL 44, 3.

sah sich durch dieses früh beginnende dynastische Gefühl des römischen Stadtvolkes sehr begünstigt.

Die politische Absicht, die Caesar mit der Verheiratung seiner Tochter verband, hatte sich dank Iulias vermittelndem Wesen erfüllt. Das Ansehen der Frau als politischer Faktor wurde dadurch stark gehoben zu einer Zeit, wo durch den Verfall der Ehe das alte Mittel einer politischen Verschwägerung nicht mehr so viel Aussicht auf Erfolg besaß wie ehedem. Da Iulias Wirksamkeit auch dem Volke zugute kam und seinem Wunsche entsprach, trug auch dieses dazu bei, die Stellung dieser Frau über die der anderen hinauszuheben, indem es ihr die Ehre eines ungewöhnlichen Begräbnisplatzes zuteil werden ließ. Schließlich hat Caesar selbst einen weiteren Schritt getan, um die Bedeutung Iulias noch stärker zu betonen, indem er, das Vorgehen Sullas beim Tode der Caecilia Metella noch überbietend, öffentliche Spiele und Volksbewirtungen zu Ehren Iulias veranstalten ließ, „was vor ihm noch keiner getan hatte[1]“. Daß Caesar dadurch auch die Entwicklung einer politischen Stellung der Frau überhaupt gefördert hat, wird klar aus der Betrachtung der Kaiserzeit, wo gerade in diesem Punkt das Vorbild der Republik die Stellung der Kaiserin maßgebend beeinflußt hat[2]). Neben Sulla erscheint somit Caesar als Förderer einer neuen Entwicklung, indem er Frauen in seine politischen Bestrebungen einbezog, ihnen darin eine Rolle zuerteilte.

Unter diesem Gesichtspunkt ist auch seine Ehe mit Calpurnia zu betrachten.

## Calpurnia, Gattin Caesars.

Kurz nachdem Caesar aus politischen Erwägungen seine Tochter Iulia mit Pompeius vermählt hatte, schloß er selbst eine neue Ehe mit Calpurnia, der Tochter des Lucius Calpurnius Piso[3]). Dieser war der Vetter eines Catilinariers C. Cethegus und vielleicht selbst einer der Verschworenen, da Ciceros besonderer Haß sich gegen ihn richtete[4]). Sicher war er ein treuer Anhänger Caesars, einer der Kühnsten seines Anhangs[5]). Caesar ließ ihn sogleich nach der

1) Suet. Iulius 26, 2. (Plut. Caes. 53, 3; Dio XLIII 22, 3.)

2) **Sandels**, Die Stellung der kaiserlichen Frauen aus dem iulisch-claudischen Hause (Diss. Giessen 1912).

3) Dio XXXVIII 9, 1; App. b. c. II, 14; Suet. Iulius 21.

4) Cic. in Pis. 59 und 90.

5) App. b. c. II 14.

Verschwägerung mit ihm zum Konsul für das nächste Jahr wählen, wogegen Piso sich aufs energischste für ein fünfjähriges Imperium Caesars für Gallien einsetzte[1]). Durch diese gegenseitige Unterstützung und Förderung der politischen Machterweiterung zwischen den neuen Verwandten wurde die politische Absicht ihrer Verschwägerung so offensichtlich, daß Cato rief, es sei unerträglich, die Oberherrschaft durch Heiraten verkuppelt zu sehen und — in natürlich bewußter Verkehrung der Tatsachen —, daß man um der Frauen willen sich gegenseitig Heere und Provinzen verschaffte[2]). Der ganze Unwille der immer mehr zurückgedrängten Oligarchie kommt in dieser grimmigen Rede des Cato zum Ausdruck. Denn eigentlich war es ein alter, längst selbstverständlicher Brauch, durch politische Heiraten sich gegenseitig die Herrschaft zu sichern. Aber man erkannte klar, daß die mit Caesars Heirat verbundenen Absichten über die bisherigen Ziele der senatorischen Politik hinausgingen. Die Aristokratie sah sich mit ihren eigenen Mitteln geschlagen.

## Cornelia, Gattin des Pompeius.

Calpurnia hatte als die Mittelsperson zwischen dem Vater und Gatten eine Koalition ermöglichen müssen, deren Stoßkraft sich gegen Pompeius richtete, dessen Macht zu lähmen suchte[3]). Doch hat auch Pompeius den gleichen Weg eingeschlagen, als er nach dem Tode Iulias sich von Caesar trennte und eine neue Macht zum Bundesgenossen erkor. Caesar hatte damals die Verbindung aufrechtzuerhalten gesucht, indem er gewillt war, seine Ehe zu lösen und um die Tochter des Pompeius warb. Dieser aber versagte ihm die Hand seiner Tochter und ging selbst eine Ehe ein, die den Bruch mit Caesar nur deutlicher machen sollte. Die Heirat des Pompeius mit Cornelia, der geistreichen und gelehrten Tochter des Pontifex Q. Caecilius Metellus Pius Scipio[4]), der Witwe des P. Crassus, war eine eindeutig feindliche Stellungnahme gegen Caesar. Zugleich brachte sie auch eine gewaltige Machtsteigerung für Pompeius mit sich, denn Cornelia entstammte einer der ältesten und mächtigsten Familien des römischen Hochadels. Ihr Vater war ein Scipio, durch Adoption in die Familie der Caecilii Metelli aufgenommen; ihre

1) Dio XXXVIII 9, 1.
2) App. b. c. II 14 und Plut. Caes. 14.
3) App. b. c. II 14.
4) Plut. Pomp. 55, 1; Dio XL 51, 3.

Mutter Licinia war die Tochter des berühmten Redners Licinius Crassus und ihr nach einjähriger Ehe verstorbener Gatte war P. Licinius Crassus gewesen, der Sohn des Triumvirn Marcus. Es gab in der Tat in Rom keine Frau von erlauchterem Adel[1]) als Cornelia, die sich Pompeius zur neuen Begründung seines deutlichen Anschlusses an die Nobilität nun zur Gattin erwählte.

So haben auch die Triumvirn das alte Mittel der politischen Eheschließung zu neuem Ansehen gebracht und dadurch die politische Rolle der Frau zur Zeit der ausgehenden Republik neu gestärkt. Caesar zudem geht in der Verfolgung seiner politischen Ziele einen erheblichen Schritt weiter. Nicht zuletzt hat er in seinem Verhältnis zur Ptolemäerin die politische Rolle der Frau wesentlich erweitert und gesteigert, soweit wenigstens dieses eine Wirkung auf Rom ausüben konnte.

## Kleopatra VII. von Ägypten.

In den Jahren 46 bis 44 weilte Kleopatra VII., die Tochter des Ptolemaios XI. Auletes, in Rom und residierte mit ihrem Brudergemahl im Hause Caesars jenseits des Tiber[2]). Mit dieser gastlichen Aufnahme der ägyptischen Königin verfolgte Caesar zweifellos eine politische Absicht. Denn bei aller Leidenschaft herrschte auch in seiner Beziehung zu Kleopatra politische Überlegung und Berechnung vor. Durch den Anblick der ptolemäischen Herrscherin wollte er den Römern den Gedanken an eine Königsherrschaft näherbringen. Die Erregung, welche die Anwesenheit der Königin in Rom hervorrief, zeigt deutlich, daß man diesen Plan Caesars durchschaute. Namentlich Cicero[3]) ist im Innersten erbittert, zumal Kleopatra auf die antimonarchischen Gefühle des Römers nicht die geringste Rücksicht nahm[4]) und dies sicher mit Caesars Duldung. Caesar kümmerte sich durchaus nicht um das Gespötte der römischen Kreise, sondern erhob mit großartiger Geste Kleopatra unter die Freunde und Bundesgenossen Roms[5]). Zudem bedachte er Kleopatra mit den außerordentlichsten Ehren. Er ließ im Tempel der Venus Genetrix, der Schutzgöttin des iulischen Hauses, eine goldene

1) Münzer S. 317.
2) Cic. ad Att. XV 15, 2; Cassius Dio XLIII 27, 3.
3) Cic. ad Att. XV 15, 2.
4) Cassius Dio, Cicero a. a. O.; ad Att. XIV 8, 1.
5) Dio XLIII 27, 3.

Statue der Königin errichten, die neben dem Bild der Göttin Aufstellung fand [1]). Wie er für sich selbst göttliche Ehren beanspruchte, machte er auch die ägyptische Königin zur „synnaos" der Venus in Rom [2]). Caesar scheute sich nicht, die Verwirklichung seines umfassenden Planes eines römisch-hellenistischen Reiches vorzubereiten und zu stützen durch die in Rom unerhörte Steigerung des Ansehens einer Frau [3]). Schließlich ist die Stellung, die Caesar Kleopatra einräumte, wiederum nur im Zusammenhang mit der Entwicklung der Alleinherrschaft zu verstehen und zwar eben der Form, wie sie Caesar anstrebte. Er plante die Errichtung einer Monarchie, nicht einer national begrenzten, sondern einer Form, die Rom und den hellenistischen Osten umfassen sollte. Die Verbindung mit Kleopatra bot Gelegenheit, Caesars Ansprüche im Osten zu legitimieren, ihre Anwesenheit in Rom sollte die Stadt und Italien vorbereiten auf die zu erwartende Monarchie. Das Gesetz, das Caesar durch Helvius Cinna beantragen ließ und das ihm eine Ehe mit mehreren Frauen gestatten sollte [4]), bezweckte zweifellos eine auch nach römischen Gesetz rechtliche eheliche Verbindung mit Kleopatra und die daraus folgende Legitimierung des Sohnes Caesarion. Vor allem hätte Caesar dadurch die weiteste Förderung seiner Pläne im Osten erfahren. Auf der anderen Seite sollte Rom durch die jahrelange Anwesenheit Kleopatras, durch ihr königliches Auftreten und besonders durch die Ehrungen, die Caesar ihr zuteil werden ließ, an den Anblick einer Königin und den Gedanken einer Monarchie gewöhnt werden.

Die Tat von den Iden des März, die nicht zuletzt auch durch Caesars Verhältnis zu Kleopatra hervorgerufen war, beendete mit Caesars Leben auch die Ausführung seiner weitausschauenden Pläne. Doch der Gedanke, Ansprüche im Osten durch Verbindung mit einer einheimischen Fürstin zu rechtfertigen, blieb erhalten und wurde von Antonius verwirklicht, ohne daß er allerdings den letzten Zweck dieser Verwirklichung erreichte. Andererseits hatte sich

---

1) App. b. c. II 102; Cassius Dio LI 22.

2) Vgl. Riewald, De imperatorum Romanorum cum certis dis et comparatione et aequatione (Diss. Halle Bd. XX, 3) S. 266 (1912).

3) E. Meyer a. a. O. S. 441 schildert das Entsetzen der Römer über die göttliche Verehrung Caesars (Cic. ad Att. XIII 44); wieviel mehr mußte der Römer sich über die göttliche Verehrung einer Frau empören.

4) Sueton 52; Dio XLIV 7, 3.

Kleopatra bereits ganz in die ihr zugedachte Rolle als Gemahlin Caesars eingelebt. Ihre Politik der nächsten Jahre ging nur darauf aus, den Einfluß, welche diese Rolle gewährt hätte, auch unter den veränderten Verhältnissen zu erhalten. Nach der Beseitigung ihres Brudergemahls Ptolemaios XIII. ernannte sie ihren und Caesars nunmehr dreijährigen Sohn zum Mitregenten (ohne diese Formalität war auch jetzt noch die Herrschaft einer Frau in Ägypten unmöglich). Sie bedeutete damit, allerdings lediglich vom Standpunkt der hellenistischen Dynastie aus, daß Caesarion auch das übrige Erbe seines Vaters beanspruchen würde. Ja, durch ihren persönlichen Einfluß erreichte sie es, daß der Beauftragte Roms, M. Antonius, die Ansprüche Caesarions selbst vor dem Senat verteidigte[1]). In den nach Caesars Ermordung entbrennenden Kämpfen zwischen seinen Anhängern und seinen Mördern suchte sie ihre Stellung zu verbessern. Sie schlug sich auf die Seite der Caesarfreunde, denn seine Mörder verfolgten auch sie mit ihrem Haß. Sie versprach, P. Cornelius Dolabella die in Ägypten liegenden römischen Truppen zuzuführen, konnte allerdings nicht verhindern, daß Dolabellas Legat die vier ägyptischen Legionen dem Gegner Cassius zuführte. Das direkte Ansinnen des Cassius jedoch, ihm Hilfe zu senden, hat sie zurückgewiesen[2]). Auf Seiten der Triumvirn gab auch sie die Rache an Caesars Mördern als Parole aus, nicht gewillt, sich die von Caesar zugedachte Stellung von seinen Mördern rauben zu lassen. Deutlich zeigt ihre jetzt stets gebrauchte Schwurformel: „So wahr ich auf dem Kapitol Recht sprechen werde!“ [3]) das zäh verfolgte Ziel Kleopatras. Ihr Einfluß auf die römische Politik war nicht ohne Bedeutung; aber ihr Streben, auch jetzt noch Herrscherin Roms zu werden, war ein von vornherein aussichtsloser Versuch. Denn die Mörder Caesars suchten die republikanische Freiheit wieder aufzurichten, andererseits kämpfte Octavius um die Übernahme seines Erbes. War Caesar zum Teil seiner östlichen Politik zum Opfer gefallen, dem Gegensatz zwischen Rom und dem Hellenismus, so betraf die in den Kämpfen nach seinem Tode gesuchte Entscheidung vor allem durch die Haltung des jungen Caesar durchaus römische Belange. Die nunmehr zu lösende Frage war, ob römische Republik oder römische Monarchie. Die Intensität des Kampfes

1) Sueton, Caesar 52, 2; Cassius Dio L 1, 5; vgl. IL 41, 4.

2) App. b. c. IV 81; V 8.

3) Cassius Dio L 5, 4

auf beiden Seiten war so groß und seine Orientierung nach innerrömischen Gesichtspunkten so ausschließlich, daß der Einfluß einer ausländischen Fürstin von vornherein eine untergeordnete Rolle spielen mußte. Kein Wunder aber auch, daß gerade unter diesen Umständen wieder mächtige römische Frauen eine nicht unbedeutende Wirkung auf die politischen Ereignisse ausübten.

## Servilia, Mutter des Brutus; Claudia und Porcia, Gattinnen des Brutus.

Namentlich in den bestürzten, enttäuschten Kreisen der Mörder Caesars machte sich hin und wieder der beruhigende, zugleich ermutigende Einfluß einer Frau bemerkbar. Hier ist es vor allem wieder die Gestalt jener Frau, die den Häuptern der Verschwörung persönlich nahestand und diese einander nahegebracht hatte, Servilia, die Mutter des Brutus und Schwiegermutter des Cassius. Die bedeutende Frau genoß noch unvermindertes Ansehen bei den Ihren und den sie umgebenden Kreisen. Die Verbindungen, die sie geschaffen hatte, erwiesen sich als günstig, zumal durch ihre Beziehungen zu Caesar. Ihr Sohn Brutus, auf ihre Verwendung hin von Caesar mehrere Male bevorzugt[1]), hatte sich nach Pharsalus voll Bewunderung dem neuen Herrscher angeschlossen und erhielt die Verwaltung der für Caesar überaus wichtigen Provinz Gallien. Im Jahre 44 wurde er zur Bewerbung um die Prätur zugelassen unter Zurücksetzung der Ansprüche anderer Bewerber[2]). Im Jahre 48 war Servilias Schwiegersohn P. Servilius Isauricus von Caesar zum Kollegen im Konsulat ernannt worden. Ein zweiter Schwiegersohn M. Aemilius Lepidus wurde 47 Magister Equitum und, durch diese Ehrung von Seiten Caesars empfohlen, im Jahre 46 Konsul. Durch diese glanzvolle Stellung ihrer nächsten Angehörigen hatte Servilias Ansehen eine weitere Steigerung erfahren. Eindeutig war aber auch die politische Richtung dieses Verbandes auf Caesar hin festgelegt. Doch Brutus vollzog bald eine bedeutsame politische Wendung, die Servilia nicht wünschte, um so weniger, als dadurch eine von ihr geschaffene verwandtschaftliche Bindung zerstört wurde.

Im Jahre 45 nämlich löste Brutus seine Ehe mit Claudia[3]), die

1) Vgl. oben S. 93, 1; 3.

2) Plut. Brutus 7, Caesar 57; für das Jahr 41 war Brutus als Konsul vorgesehen (Plut. Caesar 62).

3) Cic. ad Att. XIII 9, 2; 10, 3.

einst die letzten Glieder des lange gespaltenen servilischen Hauses vereinigt hatte. Da die zehnjährige, sicher glückliche Ehe[1]) kinderlos geblieben war, wurde mit der durch Brutus vollzogenen Scheidung ein Lieblingswunsch seiner Mutter Servilia zunichte gemacht. Immerhin war auch die zweite Ehe des Brutus vom familienpolitischen Standpunkt aus durchaus verständlich. Er wählte Porcia, die Tochter seines mütterlichen Oheims M. Porcius Cato, zu seiner Gemahlin. Servilias Ablehnung dieses neuen Bundes konnte daher einerseits der Trauer um den zerronnenen Plan, andererseits nicht der Abneigung gegen die junge Frau, wohl aber der Mißbilligung einer damit verbundenen politischen Umstellung ihres Sohnes entspringen. Cato, der Vater der neuen Braut, hatte sich den Tod gegeben, um eine absolute Herrschaft Caesars nicht erleben zu müssen. Viele hatte dieser Tod aus Freiheitsliebe im Innersten erschüttert. Brutus, der sich bisher von seinem Oheim entfernt hatte und auf Caesars Seite getreten war[2]), bekannte sich nun wieder offen zu ihm und seiner Anschauung, als er bereits 46 Cicero um Abfassung einer Laudatio Catonis bat nnd nach deren unbefriedigendem Ausfall selbst das Lob Catos übernahm[3]). Als er schließlich die Tochter des Freiheitshelden zur Frau nahm, war der Schritt ins andere Lager, das der Gegner Caesars, offenbar. Für Servilia aber mußte gerade dies ein Grund zu Besorgnis und Mißbilligung sein.

Doch sogleich nach der Ermordung Caesars, die sie wie niemanden erschüttern mußte, erscheint sie als die tätigste Helferin ihres Sohnes und an der Seite seiner Frau. Porcia, die wahre Tochter Catos, eine der edelsten Frauengestalten Roms[4]), war dem Geiste Servilias nahe verwandt und überdies begegneten sich die beiden Frauen in der Liebe zu Brutus. Dieser aber muß es verstanden haben, auch seine Mutter, jene prudentissima et diligentissima femina[5]), von der Notwendigkeit seiner Tat zu überzeugen, von dem Erfordernis, den Tyrannen, auch wenn er ein persönlicher Freund war, zu beseitigen[6]). Damals in den Wirren nach Caesars Tode, wo die Ereignisse sich überstürzten und der Sinn des Tyrannenmordes sich nicht zu er-

1) Münzer a. a. O. 340 f.
2) Münzer S. 341.
3) Cic. ad Att. XII 21, 1.
4) Plut. Brutus 13; 15, 3—5; Val. Max. IV 6, 5 u. a.
5) Cic. ad Brutum I 18.
6) Quintilian. inst. or. X 1, 123.

füllen schien, da trat noch einmal der überlegene Geist Servilias zutage, der klar und ruhig die noch bleibenden Möglichkeiten erblickte und in der Not sich Gewaltiges zutraute. Wie einst Cato sich ihrer mütterlichen Autorität gebeugt[1]), so hörte nun Brutus willig auf ihre Ratschläge oder gar Bitten, gegen die selbst die überzeugendste Rede Ciceros nichts vermochte[2]). Während Brutus sich außerhalb Roms aufhielt, sorgte sie für seine Benachrichtigung und gab ihm aus kluger Anschauung der Dinge heraus ihre Anweisungen[3]). Die ganze überragende Persönlichkeit dieser Frau erkennen wir in einem Bericht Ciceros vom 8. Juni 44[4]). Es war eine Zusammenkunft der Caesarmörder und ihrer Freunde unter dem Vorsitz Servilias; auch die Gattinnen des C. Cassius und Brutus, Iunia Tertulla und Porcia waren bei der Beratung anwesend. Die Stimmung war sehr erregt. Ein Senatsbeschluß hatte Cassius und Brutus je eine curatio frumenti übertragen, als letzte Möglichkeit, Italien während ihrer Amtszeit (beide waren Prätoren)[5]) zu verlassen. Beide waren empört über diese unwürdige Behandlung der Retter der Republik. Brutus wollte sich zudem die Gelegenheit, durch die von ihm zu besorgenden Spiele im Juli Freunde zu werben, nicht entgehen lassen[6]). Cicero dagegen ist für die Annahme des Auftrags. Ein Streit der Meinungen beginnt. Schließlich kommt man dazu, die Tat von den Iden des März selbst als unzureichend zu kritisieren. Da greift Servilia ein. Sie unterbricht und beendet die unfruchtbare Debatte mit dem überraschenden Wort, sie werde für die Änderung des Senatsbeschlusses Sorge tragen. In der Tat muß ihr dieser kühne Versuch geglückt sein[7]). Servilia hat die Beseitigung eines Senatus Consultum zustande gebracht. Die hervorragende Fähigkeit einer Frau, das Ansehen ihres Namens und die Stellung innerhalb des Adels hatten zusammen mit der Erregtheit der politischen Verhältnisse dieses bedeutsame Eingreifen einer Frau in den Gang der politischen Ereignisse möglich gemacht.

Als Brutus und Cassius im Osten weilten, nun mit erhöhten Voll-

---

1) Plut. Cato min. 21, 1; Ascon. Scaur. 17.
2) Cic. ad Att. XV 10.
3) Cic. ad Brutum I 15, 13; I 18, 6.
4) Cic. ad Att. XV 11, 1; 12, 1.
5) App. b. c. III 2; Cassius Dio XLVII 20.
6) Gelzer, R.-E.[2] X 997.
7) Mommsen, Hist. Schriften III 172; Gelzer, R.-E.[2] X 996 ff.

machten, war es Servilia, die sie von allen Vorgängen unterrichtete, schnell und sicher mit scharfem Blick für deren Bedeutung[1]). Auch gibt sie den Freunden in Italien Nachricht von den beiden Männern[2]). Ängstlich ist sie besorgt, alles zu vermeiden, was irgendeinen der Staatsmänner gegen diese einnehmen könnte. So fürchtete sie, daß Ciceros Eintreten für Cassius den Konsul Pansa verstimmen könnte und richtet eine dementsprechende Bitte an Cicero[3]). Als Brutus Anwesenheit in Italien für die Sache der Republik wünschenswert erscheint, da ruft sie entschlossen die erfahrenen Männer ihres Freundeskreises zu sich, Labeo, Scaptius und Casca, schließlich den bedeutendsten, Cicero, um im Gespräch mit ihnen die für den Sohn günstigste Entscheidung zu treffen[4]).

Wie bei Cornelia, der Mutter der Gracchen, hat (wenigstens in den Jahren nach Caesars Tod) ausschließlich die Sorge um ihre Angehörigen Servilias Eingreifen in das politische Geschehen bedingt. Allerdings war ihrem Einfluß ein ungleich größerer Wirkungskreis unterworfen, sie war durch ihre geistige Überlegenheit gleichsam zur Leiterin einer Partei, zum „Familienhaupt der Tyrannenmörder“[5]) geworden. Doch wie Cornelia gelang es auch ihr nicht, den Untergang ihres Sohnes aufzuhalten. Die hervorragende Frau erfuhr Hochachtung auch von dem Gegner: Antonius ließ ihr den Trost, wenigstens die Asche ihres ehrenvoll bestatteten Sohnes zu besitzen[6]).

Servilias Streben und Tätigkeit war nur selten von endgültigem Erfolg gekrönt. Aber dessen ungeachtet ist sie die glänzendste Erscheinung unter den Frauen vom Ende der Republik. Eine kluge, geistig hochstehende Frau hat sie auch auf die bedeutendsten Männer ihrer Zeit ihren Eindruck nicht verfehlt und der größte ihrer Zeitgenossen, Caesar, zollte ihr Anerkennung. Wie eine Herrscherin verfügte sie über ihre Kinder, immer bedacht auf deren Förderung und zugleich auf die Erhaltung und den Glanz ihres Hauses. Mit Tränen und Bitten[7]), mehr jedoch mit männlich energischem Wort

1) Cic. ad Att. XV 3, 4.

2) Schon vor ihrer Abreise hatte sie die Nachrichtenvermittlung übernommen: Cic. ad Att. XV 6, 4; 24; ad Brut. I 18, 1.

3) Cic. ad fam. XII 7, 1 (vom März 43).

4) Cic. ad Brutum I 18.

5) Mommsen, Hist. Schriften I 172.

6) Plut. Brut. 53, 2.

7) Plut. Cato min. 27; 32, 3.

und zielbewußtem Handeln setzte sie sich ein für alle ihr nahestehenden Menschen. Sie hielt in den Zeiten der Verwirrung den Kreis der Freunde zusammen und ging, wo es die Würde ihres Hauses verlangte, selbst gegen offizielle Beschlüsse des Senates mit Erfolg vor. Immer im Sinne aristokratischer Tradition handelnd, in ihren Mitteln jedoch des öfteren über sie hinausgehend, hat sie von allen Frauen der Republik bis auf ihre Zeit den mächtigsten Einfluß auf politischem Gebiet besessen.

## Fulvia, Gattin des Antonius.

Doch Servilia blieb nicht die einzige Römerin, die in den bewegten Jahren zwischen Caesars Tod und der Errichtung der Monarchie im Staatsleben eine Rolle spielte. Bald nach der Ermordung des Diktators beginnt neben Servilia eine zweite Frau Einfluß auf die politischen Ereignisse zu gewinnen und zwar die Gattin eines der nunmehrigen Machthaber, Fulvia, die Frau des Triumvirn Marcus Antonius.

Aus der nicht allzu geachteten Familie [1]) des Fulvius Bambalio stammend, war Fulvia schon zweimal verheiratet gewesen, ohne jedoch während dieser Zeit jemals im Zusammenhang mit politischen Vorgängen genannt zu werden. Ihr erster Gatte war P. Clodius Pulcher, dessen Tod sie nach sechsjähriger, anscheinend glücklicher Ehe [2]) leidenschaftlich beweinte und so laute Anklage gegen seinen Mörder Milo erhob [3]). Bald darauf reichte sie ihre Hand einem Freunde ihres ersten Gatten, dem C. Scribonius Curio, der wiederum (wenigstens vor seiner Schwenkung zu Caesar) ein Anhänger ihres dritten Gatten Marcus Antonius war. Diesem vermählte sie sich nach Curios frühem Tod in Afrika (49), sicher vor dem Jahre 45. Bis zu dieser Zeit hatte sie nie versucht, Einfluß auf politischem Gebiet zu gewinnen, obwohl ihre beiden Gatten mitten im Getriebe der Parteien gestanden waren. Erst seit ihrer Verbindung mit Antonius erscheint sie in der Schilderung der Historiker als die herrschsüchtige, grausam rücksichtslose Frau von unerhört großem politischen Einfluß. In der Tat beginnt ihre politische Rolle erst als Gattin des Antonius und da erst nach Caesars Tod, also

1) R.-E.² VII 235, Fulvius Nr. 40. Fulvias Mutter gehörte der plebejischen Nobilität der Sempronii Tuditani an. (Münzer.)

2) Cic. Mil. 28 und 55.

3) Ascon. in Milon. 28, 19 und 35, 21.

bezeichnenderweise zugleich mit dem Aufstieg ihres Gatten. Wie er selbst, sah auch sie jetzt seine Stunde gekommen, sah ihn schließlich schon als Nachfolger Caesars, sich selbst an der Seite des neuen Herrschers. Sie scheint sogleich entschlossen, mit ganzer Kraft an der Verwirklichung dieses Wunschbildes mitzuarbeiten. Bei ihrem zweifellos starken Herrschbedürfnis kam es ihr zugute, daß Antonius, der ja überhaupt weiblichem Einfluß zugänglich war, wenigstens zu Beginn ihrer Ehe ganz im Banne ihrer Persönlichkeit stand [1]). Zusammen mit Antonius scheint sie den Handel mit den gefälschten Acta Caesaris betrieben zu haben [2]), wohl weniger aus Habsucht, als um die Stellung ihres Mannes zu fördern. Geld war dazu natürlich nötig. Möglicherweise aber handelt es sich hier um eine böswillige Vermutung Ciceros.

Von vornherein nahm Fulvia als Gattin eines der mächtigsten Staatsmänner auch die Stelle der Vermittlerin ein, so daß Cicero über die Politik des Damensalons spotten konnte [3]). Fulvias Einfluß soll es nämlich zu verdanken sein, daß Deiotarus, der von Caesar wegen seiner Stellungnahme für Pompeius aus Kleinarmenien vertriebene Tetrarch von Galatien, Reich und Krone wiedererhielt. Durch Fulvias Vermittlung, die auf Überweisung von 100000 Sesterzen erfolgte, soll er sich diese Gunst erwirkt haben. Da es für Antonius nur günstig war, im Osten nicht nur Gegner zu wissen, so ist Fulvias Mithilfe zur Gewinnung des Deiotarus leicht verständlich und sicher nicht zu leugnen. Mit politischem Weitblick hatte sie die Zukunftsmöglichkeiten des Antonius erkannt; sie war gewillt, an der Gestaltung der weiteren politischen Entwicklung mitzuwirken. Die Methoden freilich, die sie anwandte, mögen sie nun wirklich ihrer persönlichen Art entsprochen haben oder von ihr nur als unumgänglich notwendig mit in Kauf genommen worden sein, entsprachen eben nicht immer dem, was man von römischen Matronen gewöhnt war und erwartete; sie wurden daher mit feindlicher Kritik beobachtet und gebrandmarkt. Namentlich Cicero tat sein Möglichstes, um die Frau seines Feindes bloßzustellen. Ständiger Ausdruck für sie ist bei ihm avara, avarissima [4]), ein in seinem Munde — nach der Trennung von seiner angeblich habsüchtigen, geizigen Frau —

1) Cic. Phil. VI 4.
2) Cic. Phil. II 113; V 11.
3) Cic. Phil. II 95: in gynaeceo ...; siehe auch ad Att. XIV 12, 1.
4) Cic. Phil. II 113; VI 4; XIII 18.

mit besonderer Verachtung erfülltes Schimpfwort. Gleich Caecilia Metella soll auch sie sich die Proskriptionen zunutze gemacht haben, teils zu ihrer Bereicherung, teils zur Befriedigung persönlichen Hasses[1]). So soll sie einen Rufus ohne Wissen ihres Gatten haben hinrichten lassen, um zur Erweiterung eines ihrer Grundstücke in den Besitz seines Hauses zu gelangen, das er ihr nicht hatte verkaufen wollen[2]). Beachtenswert ist jedoch, daß bei Valerius Maximus nur überliefert wird, Antonius habe, als ihm das Haupt des C. Rufus gebracht wurde, geäußert, diesen Mann kenne er nicht[3]). Es ist sehr wahrscheinlich, daß auch diese Anekdote nur fälschlicherweise mit Fulvia in Zusammenhang gebracht wurde und man ihr so neben der Habsucht auch Grausamkeit zum Vorwurf machte[4]). Wahrscheinlich hatte man sich auch während der Proskriptionen an Fulvia gewandt mit der Bitte um Vermittlung, diese aber hatte es für besser gehalten, die Anordnungen ihres Mannes nicht umzustoßen. Dieses Verhalten wurde dann wohl der Anlaß zu verleumderischer Nachrede. Für den Fall des Rufus ist eine Entscheidung nicht ganz sicher zu treffen. Dagegen „die darauffolgende krasse Schilderung von der wahnsinnigen Mißhandlung des Hauptes Ciceros durch Fulvia richtet sich selbst durch ihre Übertreibungen und durch das Fehlen jeder Parallelerzählung“[5]). Jedoch den Ruf einer crudelissima uxor fand man bestätigt dadurch, daß Fulvia in Brundisium die Hinrichtung der meuternden Centurionen mitansah[6]). Man erwartete von ihr als Frau, daß sie, ähnlich wie einst Cornelia für Octavius, Fürsprache einlege für die Bedrohten, während Fulvia wiederum die Handlungsweise ihres Gatten für gerechtfertigt, die Beseitigung der Feinde zur Erringung seines Zieles für notwendig hielt.

Diese Haltung Fulvias wird noch deutlicher durch ein bei Appian überliefertes Vorkommnis[7]). Im Jahre 43 hatten die Triumvirn beschlossen, 1400 der reichsten Frauen Roms mit einer Kriegssteuer zu belegen. Diese Frauen glaubten nun, durch Vermittlung der mit den Gewalthabern verwandten Frauen eine Änderung dieser

1) Cassius Dio XLVII 8, 2.
2) App. b. c. IV 124.
3) Val. Max. IX 5, 4.
4) Cic. Phil. XII 18; III 4.
5) Münzer R.-E.[2] VII 282.
6) Cic. Phil. III 4; Cassius Dio XLV 13, 2.
7) App. b. c. IV 32.

Verordnung erreichen zu können. Während nun Iulia, die Mutter des Antonius und Octavia, die Schwester Caesars, zu einer solchen Einflußnahme sich geneigt zeigten, ließ Fulvia die Frauen nicht einmal bei sich vor. Mit dieser Haltung gab sie die Erklärung ab, daß man in ihr eine Vertreterin der Interessen ihres Gatten zu sehen habe.

Namentlich in Antonius Abwesenheit fühlte sie sich verpflichtet, die Stellung ihres Mannes zu sichern und zu fördern. So konnte die Meinung aufkommen, nicht Lucius Antonius, der Bruder des Marcus und P. Servilius Vatia seien im Jahre 41 Konsuln gewesen, sondern in Wahrheit Lucius und Fulvia, gegen die weder Senat noch Volk etwas durchzusetzen vermochten [1]. Fulvias Verhalten scheint in der Tat des öfteren richtunggebend gewesen zu sein. Als ihr Schwager Lucius zu Beginn seines Konsulates wegen eines wahrscheinlich erfundenen Sieges über irgendwelche Alpenvölker einen prächtigen Triumph abhalten wollte, äußerte Fulvia ihre Abneigung gegen diesen Plan, sei es, daß sie die Lächerlichkeit des ganzen Vorganges durchschaute, sei es, daß sie die Ablenkung der öffentlichen Aufmerksamkeit von ihrem Gatten auf andere verhindern wollte. Durch Fulvias Stellungnahme bestimmt, verweigerten auch die Senatoren ihre Zustimmung, erklärten aber sofort ihr Einverständnis, als auch Fulvia nachgegeben hatte [2].

Sodann wird Fulvia stets erwähnt in ursächlichem Zusammenhang mit dem Perusinischen Krieg, der bald nach Caesars Rückkehr nach Rom im Jahre 40 ausbrach. Die Überlieferung ist ganz lückenlos, jedoch durchaus nicht einheitlich. Die Hauptquellen sind Appian und Cassius Dio, die aber Fulvias Anteil am Kriege nicht übereinstimmend darlegen. Während Dio zur Darstellung dieser Zeit auf die Annalistik, besonders auf Livius zurückgeht [3], benützte Appian als Hauptquelle eine griechische Bearbeitung des Asinius Pollio [4]. Asinius Pollio aber, dessen Werk wahrscheinlich die Ereignisse bis zur Schlacht von Actium behandelte [5], war ein An-

1) Cassius Dio XLVIII 4.

2) Cassius Dio a. a. O.

3) A. Rosenberg, Einleitung und Quellenkunde zur römischen Geschichtsschreibung, S. 260: im wesentlichen Livius für die Jahre 68—38 v. Chr.; vgl. E. Meyer, Caesars Monarchie S. 606.

4) Klebs, R.-E.² I 2587.

5) Kornemann, Die historische Schriftstellerei des Asinius Pollio, Jhb. f. kl. Philol. Suppl. XXII 555 ff.

hänger des Antonius, war namentlich im Perusinischen Krieg aktiv beteiligt [1]) und wahrte sich auch nach seinem Übergang zu Caesar eine unabhängige Wahrheitsliebe, das Streben nach möglichst objektiver Schilderung der Tatsachen [2]). Daher erscheint Appian, der seinem Werk eine Bearbeitung des Asinius Pollio zugrunde legt [3]), die für den Verlauf des Perusinischen Krieges zuverlässigere Quelle zu sein.

Cassius Dio [4]) beginnt damit, die anfängliche Mißstimmung zwischen Lucius und Fulvia darzulegen, die mit der Gewährung des Triumphes durch Fulvia beseitigt wurde. Nach der Rückkehr Caesars herrschte zunächst gutes Einvernehmen zwischen diesem und Lucius und Fulvia, die „als Verwandte und Teilnehmer der Obergewalt" nicht gegen ihn vorgingen. Bald trat aber eine Verstimmung ein, weil Caesar allein die Landverteilung an seine und des Antonius Veteranen vornahm, Fulvia aber dadurch eine Schädigung der Popularität des Antonius beim Heere befürchtete. Sie und Lucius verlangten daher Anteil auch für Antonius, wogegen Caesar die ihm von Antonius zustehenden Legionen forderte. Den nächsten Schritt zur Erweiterung des Zerwürfnisses tat Caesar, indem er Claudia, die Tochter Fulvias aus ihrer ersten Ehe mit P. Clodius Pulcher, die ihm seit dem Abschluß des zweiten Triumvirates vermählt war, noch als Jungfrau, wie er eidlich beschwor, zurückschickte. Von da an nahmen Lucius und Fulvia die Verwaltung des Staates ganz in ihre Hände. Alle ihre Handlungen waren jedoch bestimmt durch die Sorge um das Ansehen des Antonius. Öffentlichen Ausdruck fand dieser Grundsatz ihrer Politik dadurch, daß Lucius Antonius sich den Beinamen Pietas zulegte [5]). Anfänglich setzten sie ihre ganze Hoffnung auf die Landverteilung. Bald jedoch stellten sie sich in Gegensatz zu Caesar auf die Seite der Geschädigten, verstanden aber auch die Soldaten für sich zu gewinnen durch den Hinweis, daß eine Vertreibung der Landbesitzer nicht nötig sei, da die Güter der Gegner hinreichend Land böten. Als Caesar besonders auch durch die von

---

1) App. V 23; 20 f.; 31 ff.; 50.

2) Groebe, R.-E.[2] II 1601.

3) Vgl. auch E. Meyer a. a. O. S. 604.

4) XLVIII 4; 5, 3–4; 6, 4–7, 1; 10, 1, 3; 15.

5) Cassius Dio XLVIII 48, 5, 3: διὰ τὴν πρὸς τὸν ἀδελφόν εὐσεβείαν ἐπωνυμίαν ἑαυτῷ Πιέταν ἐπέθετο. Vgl. über die politische Tendenz dieses Beinamens Th. Ulrich, Pietas (pius) als politischer Begriff im römischen Staate bis zum Tode des Kaisers Commodus. Histor. Untersuchungen 6. Heft (Breslau 1930) S. 13.

Sextus Pompeius heraufbeschworene Hungersnot so in die Enge getrieben war, daß er eine Aussöhnung mit Fulvia und Lucius anstrebte, da stieg ihnen der Mut. Lucius zog umher und sammelte die ihrer Güter beraubten Landbesitzer. Fulvia aber, in deren Gefolge sich Senatoren und Ritter befanden, besetzte Praeneste. Dort trat sie, nach Dios Schilderung, als die eigentliche Kriegsherrin auf, indem sie, mit dem Schwerte umgürtet, den Soldaten die Losung gab und häufig Ansprachen bei ihnen hielt. Als ein von den ausgedienten Soldaten berufenes Schiedsgericht jedoch Lucius und Fulvia für schuldig erklärte, wurde der Krieg noch eifriger betrieben. Nach der Einnahme von Perusia floh Fulvia mit ihren Kindern und vielen der angesehensten Römern zu ihrem Gatten Antonius nach dem Osten.

In der Darstellung des Appian [1]) erscheint Lucius von vornherein in Opposition zu dem jungen Caesar, da er als Vertreter des republikanischen Staatsideals mit dem Triumvirat nicht einverstanden ist, zudem er kein Ende desselben absehen kann. Daher empfängt er als einziger die Beschwerdeführer der Enteigneten. Fulvia sieht darin eine Gefahr für Antonius, denn sie beschuldigt Lucius, daß er zur Unzeit einen Krieg heraufbeschwöre. Bald versteht aber Lucius und namentlich Manius, der Verweser des Antonius, Fulvia für den Plan einer Bekämpfung Caesars zu gewinnen, wie Appian sagt, durch die Schlauheit des Manius, der Fulvia vorstellte, durch einen italischen Krieg könne man Antonius den Armen der Kleopatra entreißen und nach Italien locken. Lucius findet auch bald einen Grund zum Kampf; er gibt vor, er und die Kinder des Antonius fühlten sich durch ein (zufällig ihm begegnendes) Heer Caesars bedroht. Nach einem zeitweiligen Übereinkommen, dessen Bedingungen keine Partei erfüllte und dem Scheitern weiterer Verhandlungen war der Krieg unvermeidlich. Als im Verlauf desselben Lucius vom Heere Caesars in Perusia eingeschlossen wurde, setzte Fulvia alles daran, ihn zu befreien. Nicht nur gelang es ihr, die Statthalter Ventidius und Asinius Pollio, Ateius und Calenus aus Gallien zu Hilfe zu holen, sondern sie sammelte auch selbst ein Heer, das sie durch Munatius Plancus zum Entsatz von Perusia heranführen ließ. Bei der Begegnung des Lucius mit Caesar anläßlich des Friedensschlusses erklärt Lucius offen, daß seine Feind-

---

1) App. b. c. V 19; 21, 42—44; 50; 52; 49.

seligkeit dem Triumvirat gegolten habe, das er, obwohl sein Bruder selbst Teilhaber war, habe beseitigen und dafür die Republik wieder aufrichten wollen. Fulvias Mitwirkung jedoch erklärt er damit, daß ihr Sinn nach Alleinherrschaft gestanden habe, womit er wohl ihre Sorge für die Aufrichtung einer monarchischen Herrschaft des Antonius bedeuten will.

Beide Berichte bringen oft ziemlich abweichende Darstellungen über die Stellungnahme des Lucius und der Fulvia. Was Fulvias Verhalten betrifft, so scheint zunächst eine Tatsache festzustehen[1]), daß nämlich Fulvia anfänglich mit den Maßnahmen des Lucius durchaus nicht einverstanden war. In beiden Hauptquellen, sowohl bei Appian als auch bei Cassius Dio, wird die Besorgnis Fulvias um das Ansehen und die Macht ihres Gatten immer wieder betont. Wie es ihr anfänglich selbstverständlich erschien, mit den Maßnahmen des Triumvirn Caesar als Gattin des Triumvirn Antonius einverstanden zu sein, so hielt sie es für geraten, den Übergriffen Caesars zu steuern, damit Antonius Macht nicht verringert werde[2]). Auch ihre Stellungnahme gegen Lucius Antonius wird nur daraus erklärt, daß sie eifersüchtig darauf bedacht war, alles was die Stellung des Antonius gefährden könnte, zu vermeiden[3]). Jedoch der Gedanke an ihre Aufgabe, die Interessen ihres Gatten zu wahren, ließ sie auch eine Einigung mit dem Schwager herbeiführen und gemeinsam mit diesem die Aktion gegen Caesar unternehmen. Die Auffassung aber, Fulvia habe einen Krieg entfacht, um dadurch Antonius zur Rückkehr zu zwingen[4]), hat kaum Anspruch auf Richtigkeit. Sie entstand sicher aus einer auf immerhin möglicher psychologischer Grundlage konstruierten Verleumdung, einem boshaften Witz, der in der redefreudigen Großstadt reihum lief und in einem anstößigen Epigramm Martials eine obszöne Steigerung erfuhr[5]). Nicht Eigennutz hat Fulvia dazu getrieben, einen Bürgerkrieg in Italien zu erregen. Ja, aller Wahrscheinlichkeit nach ist es nicht einmal gerechtfertigt, sie als die Urheberin des Perusinischen Krieges zu bezeichnen. Vielmehr scheint Lucius die Ursache zum Kriegsausbruch herbeigeführt zu haben; auch Manius erscheint (von An-

---

1) Plut. Antonius 30.
2) Cassius Dio XLVIII 5.
3) App. V 14; V 19.
4) App. V 19.
5) Martial XI 20, 3–8.

fang an) als ein Hauptagitator, denn Antonius Zorn wegen des verunglückten Krieges galt am meisten ihm [1]), so daß er später sein selbständiges Vorgehen mit dem Tode büßen mußte [2]). Fulvia dagegen hatte erst für den Plan eines Krieges gewonnen werden müssen. Als es aber gelungen war, sie von der Notwendigkeit und Nützlichkeit des Krieges für Antonius zu überzeugen, da setzte sie sich, wie es ihrer Natur entsprach, mit ganzer Kraft dafür ein. Sie versuchte nicht nur verschiedene Feldherren für die Entsetzung ihres Schwagers zu gewinnen, sondern sie ging selbst daran, Truppen zu werben und so den Erfolg der ganzen Aktion zu sichern. Nachdem sie sich so mit dem besten Willen für die Interessen ihres Gatten eingesetzt hatte, mußte sie sein Vorwurf besonders tief verletzen, als sie in Sikyon krank lag und der Gram über die Verkennung ihrer guten Absichten brach ihr den Lebensmut [3]). Sicher hatte sie sich gerne zu der Pflicht bekannt, an der Errichtung von Antonius Machtstellung mitzuwirken. Nicht nur lockte sie das Ziel, die Tätigkeit selbst war ihr Bedürfnis. Denn sie war „eine Frau, die niemals ruhen konnte“ [4]), die Freude empfand am gefahrvollen, verantwortungsreichen politischen Treiben. Das wiederum befähigte sie in hohem Grade, ihre Aufgabe durchzuführen. Dabei erscheint ein Neues in ihrer Denk- und Handlungsweise. Während alle großen Frauen vor ihr mehr oder minder irgendwie im Gedanken an den Staat verankert waren, oder doch wenigstens von den Banden ihrer Gens, den Anschauungen ihrer Standestradition sich gehalten und verpflichtet fühlten, hatte sich Fulvia von diesen Bindungen frei gemacht. Kein Verantwortungsgefühl für das Wohlergehen des Staates ließ sie vor der Begünstigung eines Bürgerkrieges zurückschrecken, kein Mitgefühl für die Standesgenossen und -genossinnen bewegte sie zu einer Hilfe in bedrängter Lage. Einzig und allein beherrschte sie der Gedanke, einem der drei Mächtigsten in Rom die Herrschaft zu erhalten und wenn möglich zu erweitern. Nicht immer schlug sie dabei den richtigen, erfolgreichen Weg ein, aber sie war die erste Römerin, die sich als Frau eines Herrschers, als Fürstin fühlte und benahm [5]). Fulvia hatte

1) App. V 52.
2) App. V 66.
3) App. V 54.
4) Ebenda; siehe auch Plut. Ant. 10.
5) Münzer, R.-E.² VII 284.

für ihr Vorgehen keinerlei staatsrechtliche Grundlage. Aber ihrer Bedeutung entspricht es vollkommen, daß sie als erste der Römerinnen gleich den hellenistischen königlichen Frauen und den späteren römischen Kaiserinnen die Ehre des Bildnisrechtes erhielt, ja, jene überragend, ihr Bild ohne das des Münzherren (Antonius) sogar auf Silber geprägt sehen konnte [1]). Das war der Ausdruck ihrer fürstlichen Stellung und, wenn auch von Antonius nicht so gemeint, die Anerkennung ihres politischen Einflusses.

## Iulia, Mutter des Antonius, Octavia, Schwester Octavians.

In den wenigen Jahren, die zwischen dem Perusinischen Krieg und der Errichtung des Prinzipates noch verflossen sind, hat keine Frau mehr mit ähnlicher Tatkraft und gleicher natürlicher Befähigung wie Fulvia in den Gang der politischen Ereignisse eingegriffen. Gleichwohl ist gerade in diesen Jahren der letzten Entscheidung äußerst häufig ein durchaus persönlicher Einfluß einer Frau auch politisch bedeutungsvoll geworden. Verwandtschaftliche Beziehungen erwiesen sich hier erst recht wirksam, wo es sich jetzt schon weniger um die Entscheidung einer prinzipiellen staatsrechtlichen Schwierigkeit, als um die Lösung der Frage nach der Person des kommenden Herrschers handelte.

Fulvias Tod trat zu gelegener Zeit ein. Sowohl ihr Gatte Antonius als auch der zu Entgegenkommen geneigte junge Caesar konnten die Schuld an den letzten Befehdungen einer Toten zuschreiben [2]) und über sie hinweg zu einer erneuten Einigung gelangen. Eine Frau mußte durch ihren persönlichen Einfluß die Versöhnung der Gegner beschleunigen. Caesar hatte in Iulia, der Mutter des Antonius (dem iulischen Geschlecht entstammend, Schwester des Lucius Caesar, war sie eine Verwandte des Octavianus) die zur Vermittlung geeignete Persönlichkeit erkannt. Iulia war nach dem Fall Perusias nicht mit Fulvia nach dem Osten, sondern mit einem Teil der angesehensten Römer zu Sextus Pompeius nach Sizilien geflohen [3]). Dieser schickte nach überaus freundlichem Empfang an ihren Sohn Marcus Antonius, den sie zu einer Einigung mit Sextus gegen Caesar bewegen sollte [4]). An sie nun wandte sich nach dem Tode

1) Ulr. Kahrstedt, Frauen auf antiken Münzen, Klio X 1910, S. 291.

2) App. V 59; 62; Cassius Dio XLVIII 28; Plut. Ant. 30.

3) Cassius Dio XLVIII 15.

4) Ebenda.

Fulvias der junge Caesar mit der Bitte, Antonius zu friedlicher Gesinnung zu überreden. In der Tat unterstützte sie kräftigst den Vorschlag des Caesar und Antonius gemeinsamen Freundes Cocceius, daß Antonius Sextus Pompeius vom Kampfe gegen Italien abberufen und sich mit Caesar verständigen möge. Den gemeinsamen Bemühungen des Cocceius und der Iulia gelang es, Antonius zu diesem Schritt zu bewegen [1]). Die Einigung, welche darauf zustande kam, der Vertrag von Brundisium (40 v. Chr.), wurde betont persönlich gestaltet, indem man sie mit der Schaffung einer neuen Verwandtschaftsbeziehung verband. Damals wurde Octavia, die Schwester Caesars, auf Verlangen der Friedensvermittler mit Antonius vermählt [2]). Eine ausgesprochen politische Heirat, wie sie in Rom so oft ihre Wirkung hat tun müssen. Caesar hatte dadurch erreicht, daß sein gefährlichster Rivale wenigstens für die nächste Zeit aus der Reihe seiner Gegner ausgeschaltet war und er die Bekämpfung des Sextus Pompeius in Angriff nehmen konnte. Als er aber hörte, daß Sextus bei Antonius durch dessen Mutter Iulia erneut eine Verständigung betrieb, entschloß er sich, eine Entscheidung ohne Waffengewalt herbeizuführen.

## Mucia Tertia.

Nun galt es, auch Pompeius, der sich durchaus einem Kriege gegen Caesar gewachsen fühlte, für diesen friedlichen Plan zu gewinnen. Wieder ersuchte Caesar eine Frau, in diesem Sinne auf Pompeius einzuwirken, Mucia, die Mutter des Sextus Pompeius [3]). Es ist dieselbe Frau, die auch seinem Adoptivvater Iulius Caesar schon Vermittlerdienste geleistet hatte. Auch in dieser persönlichen Beziehung trat Caesar ein Erbe seines Vaters an. Aber auch das Volk bestürmte Mucia unter Drohungen, an der Versöhnung mitzuwirken [4]). Die Flotte ihres Sohnes beherrschte die Hafenplätze Italiens; er konnte die ganze Getreidezufuhr nach Rom unterbinden. Hungersnot und Teuerung in der Hauptstadt waren die Folge [5]). Man kannte die Rolle, welche die Frauen der Mächtigen bisweilen bei ihren politischen Entschließungen spielten und verlangte nun,

1) App. V 63.
2) App. V 64.
3) Cassius Dio XLVIII 16; App. V 69.
4) App. V 69.
5) Cassius Dio XLVIII 18, 1.

daß dieser Einfluß zugunsten des Volkes verwendet werden sollte. So fuhr Mucia als Abgesandte des römischen Volkes und Beauftragte des Caesar zu ihrem Sohne Sextus Pompeius. Eine politische Heirat sollte überdies die diplomatische Mission Mucias unterstützen: Caesar vermählte sich mit Scribonia, der Schwester des Schwiegervaters des Pompeius, Lucius Scribonius Libo. Aber nur mit Mühe gelang es Mucia, den auf seine Macht pochenden Pompeius zu einer Zusammenkunft mit Octavius und Antonius zu bewegen. Hier aber scheiterte alles an dem Ehrgeiz des selbstbewußten Herrn des Meeres. Die Zugeständnisse waren ihm zu gering. Er fuhr zurück nach Sizilien[1]); der Krieg schien unvermeidlich, Hunger, Teuerung und Kriegselend sollten noch kein Ende haben. Da waren es wiederum zwei Frauen, neben der Gattin des Pompeius vor allem wieder Mucia, die unter Aufbietung ihrer ganzen Überredungskunst ihn wirklich bestimmen konnten, noch einmal mit den Triumvirn sich zu unterreden[2]). Wie der Coriolan der römischen Sage ließ sich der Sohn des großen Pompeius von Gattin und Mutter bewegen, seine feindselige Haltung gegen Rom aufzugeben. Bei dieser so erzwungenen Zusammenkunft kam dann tatsächlich auch der Friede, der Vertrag von Misenum (39 v. Chr.) zustande. Bezeichnenderweise wurde er besiegelt durch eine Verlobung der Tochter des Sextus, Pompeia, mit Marcellus, dem Stiefsohn des Antonius und Neffen des Octavius[3]).

Ungeheuer war die Freude im ganzen römischen Volk über diesen glücklich vermiedenen Krieg, über das Ende der Not und die Heimkehr der vielen so lange ersehnten Angehörigen aus dem Lager des Sextus Pompeius[4]).

Am meisten aber mußte Caesar selbst an dieser Umgehung des Streites gelegen sein. Er mußte jetzt Stimmung und Anhang für sich gewinnen und alle Kräfte sammeln zum unausbleiblichen Kampf gegen Antonius. Seine Freude über diese friedliche Ausschaltung des Pompeius kommt nach Jahren noch einmal zum Ausdruck. Nach der Schlacht von Actium, welche die Entscheidung über seinen letzten Gegner, Antonius, gebracht hatte, befand sich unter den Verurteilten aus der feindlichen Partei auch Marcus Scaurus, der

1) App. V 71.
2) App. V 72.
3) App. V 74 (vgl. V 64).
4) Cassius Dio XLVIII 37.

Sohn Mucias[1]). Bereits zum Tode geführt, begnadigte ihn Octavius mit Rücksicht auf seine Mutter Mucia[2]). Das war die Anerkennung für die Verdienste, die sie sich um den Frieden vom Cap Misenum erworben hatte, der ja fast ausschließlich durch ihre begütigende Einwirkung auf Sextus Pompeius hatte zustande kommen können.

## Octavia, Schwester Octavians.

Der Vertrag von Brundisium hatte Antonius noch einmal für Caesar gewonnen, seine Trennung von Sextus Pompeius herbeigeführt. Durch den Vertrag von Misenum wurde dieser Erfolg noch einmal bestätigt, überdies die von Pompeius drohende Gefahr eines Krieges beseitigt. An dem Zustandekommen beider Vereinbarungen waren die Frauen der Machthaber hervorragend beteiligt. Als aber dennoch ein Kampf mit Pompeius nicht mehr zu vermeiden war, hat abermals eine Frau die Stellungnahme der an der Auseinandersetzung beteiligten Partner maßgebend beinflußt. Nach anfänglichen Streitigkeiten zwischen Antonius und Caesar hat nämlich Octavia eine Begegnung der beiden Männer vermittelt, aus welcher der Vertrag von Tarent hervorging, in welchem sich Antonius unter anderem verpflichtete, Caesar durch Schiffslieferungen gegen Sextus Pompeius zu unterstützen[3]). Wiederum sollte auch hier das gute Einvernehmen durch neue verwandtschaftliche Beziehungen gesichert werden: Caesar verlobte seine Tochter mit dem Sohne des Antonius, während dieser seine und der Octavia Tochter dem Domitius als Frau versprach[4]). Durch dieses von Octavia bewerkstelligte gemeinsame Vorgehen der Triumvirn gelang es endlich, Sextus Pompeius bei Naulochos entscheidend zu schlagen.

Schließlich wurde aber auch die letzte unausbleibliche Auseinandersetzung zwischen Caesar und Antonius auf Grund des Verhältnisses der beiden Männer zu Octavia beschleunigt herbeigeführt. Denn zweifellos war die persönliche Entfremdung der Herrscher, die auf die kränkende Behandlung der Octavia durch Antonius zurückging, ein schwerwiegender Anlaß zum Kriege gegen Antonius. Dieser hatte die Geschenke und Soldaten, die ihm die edle Octavia

---

1) Asconius in Scaur. p. 19 (Clark); Dio LI 2, 5.

2) Cassius Dio LI 2, 5.

3) App. V 93; Cassius Dio XLVIII 54.

4) Cassius Dio a. a. O.

trotz seines verletzenden Verhältnisses zu Kleopatra für den Partherfeldzug brachte, entgegengenommen, sie selbst aber nach Rom zurückkehren geheißen. Im Winter 37/36 vermählte er sich dann mit der ägyptischen Königin, obwohl seine Ehe mit der Schwester Caesars fortbestand. Caesar aber vergrößerte die Schuld des Antonius, machte seine Kränkung noch schwerwiegender, indem er Octavias persönliche Stellung ganz außerordentlich hob. Er verlieh ihr nämlich, wie auch seiner Gemahlin Livia, das Recht der Bildnisaufstellung, erklärte für sie Aufhebung der Geschlechtsvormundschaft und beantragte die Unverletzlichkeit ihrer Person (35 v. Chr.)[1]. Dadurch wurde in den Augen der Römer Antonius verletzende Haltung zu einem Vergehen gegen eine der hervorragendsten Frauen Roms, gegen eine Frau, die das Ansehen und die Ehrenrechte einer Vestalin besaß[2]. Das todeswürdige Verbrechen der Majestätsbeleidigung, das Kaiser Augustus den Verführern seiner Tochter zur Last legte[3], hat er bereits als Triumvir für den Beleidiger seiner Schwester dem Wesen nach geschaffen.

Das ungemein häufige Einsetzen von Frauenautorität und das Rechnen mit dem persönlichen Einfluß der Frauen in diesen letzten Jahren der Republik, schließlich die Hervorhebung einzelner Frauen durch offizielle Beschlüsse staatlicher Amtsträger, die Vorwegnahme der späteren Ehrenstellung der Kaiserin noch in republikanischer Zeit ist ebenso eine Folge der vorausgegangenen Entwicklung der politischen Rolle der Römerin, als ein Kennzeichen für das immer stärker und endgültig sich durchsetzende persönliche Regiment. Dadurch namentlich erklärt sich die schon an dynastische Verhältnisse monarchischer Staaten erinnernde Häufung der politischen Eheschließungen, die vermehrte Einmischung der Frauen rein auf Grund ihrer Verwandtschaft, die von den Staatsmännern den Frauen gesteigert beigemessene politische Bedeutung, weiter aber auch das Fehlen einer selbständigen Initiative der betreffenden Frauen, die Beschränkung auf die durchaus von den Männern vorgezeichnete

---

1) Cassius Dio IL 38.

2) Cassius Dio a. a. O.: ἐκ τοῦ ὁμοίου τοῖς δημάρχοις ist wahrscheinlich nur ein Erklärungsversuch des Dio. Die Sacrosanctitas der Vestalin und ihre Befreiung von der Gentiltutel werden, wie oft, das Vorbild für diese Frauenehrung gewesen sein (z. B. Trag- und Fahrrecht der Kaiserin, Ehrenplatz im Theater); vgl. auch Sandels a. a. O. S. 12.

3) Tac. ann. III 24.

Linie ihrer politischen Betätigung. Mehr und mehr machte sich schon jetzt die starke Persönlichkeit des Caesar Octavianus und seine einheitliche Führung geltend und bestimmte den Gang der politischen Ereignisse. Unter dieser zielbewußten Politik des kommenden Princeps war ein eigenmächtiges Vorgehen und Eingreifen der Frauen weder mehr nötig noch möglich. Andererseits verzichtete aber gerade Caesar durchaus nicht, ebensowenig wie sein Adoptivvater Iulius Caesar auf das jederzeit wirksame Mittel, den persönlichen Einfluß der Frau für seine politischen Ziele nutzbar zu machen und politische Berechnung ließ ihn auf dem Wege zur Errichtung des Prinzipates eine Einrichtung schaffen, die man bereits als politische „Stellung" der Frau bezeichnen kann.

## Zusammenfassung.

Als im Jahre 43 die Triumvirn von den reichen Frauen Roms eine Kriegssteuer erhoben, entgegnete ihnen Hortensia als Vertreterin der Frauen: „Warum sollen wir beisteuern, da wir weder an Amt noch Ehre, weder an Feldherrnwürde noch an Staatsverwaltung Anteil haben? [1])“ In diesen von Appian der Rednerin in den Mund gelegten Worten wird uns ausdrücklich bestätigt, daß noch in den letzten Jahren der mehr als 500jährigen Republik an der ursprünglichen staatsrechtlichen Wertung der Frau sich nicht das geringste geändert hatte. Um die gleiche Zeit hat aber die Rolle, welche die Römerin in der Politik des letzten republikanischen Jahrhunderts spielte, einen Höhepunkt erreicht.

Der Ausgangspunkt für die Entwicklung der politischen Rolle der Frau in Rom war die Familie innerhalb der Aristokratie. Die Angehörigen des herrschenden Standes hatten die politische Eheschließung zur Erhaltung und Stärkung ihrer Machtstellung geschaffen. Zufolge dieser politischen Berechnung besaß die Frau aus führendem Hause an sich größte Bedeutung als Vermittlerin einer politischen Koalition. Da die Frau ferner innerhalb der Familie hohes Ansehen und hervorragende Selbständigkeit genoß und außerdem durch ihre Erziehung, rechtliche und gesellschaftliche Stellung nicht nur Interesse an politischen Dingen, sondern auch die Fähigkeit und äußere Möglichkeit zu politischem Einfluß besaß, konnte die Frau durch persönliche Einwirkung auf die Entschließungen der ihr nahestehenden Politiker mit der Zeit immer weiterreichenden Einfluß auf die Politik erlangen. Fast immer aber geschah es auf Grund naher verwandtschaftlicher oder wenigstens gesellschaftlicher Beziehung, daß eine Beeinflussung der Politik durch eine Frau möglich war. So hat Cornelia, die Tochter des Scipio Africanus, lediglich durch ihre mütterliche Autorität auf das Werk ihrer Söhne eingewirkt. Ähnlich hat Aurelia die Parteistellung ihres Sohnes Caesar richtunggebend beeinflußt. Auch Servilias politische Wirksamkeit erfolgte zum größten Teil auf Grund ihres Verhält-

1) Appian b. c. IV 33.

nisses zu ihren Kindern. Schließlich haben auch Mucia und Iulia auf dem Weg über ihre Söhne S. Pompeius und M. Antonius politischen Einfluß ausgeübt. Überaus häufig sind die Fälle, wo die Frau als Gattin eines Staatsmannes durch diesen auf die politischen Geschehnisse einzuwirken die Möglichkeit hat. Für Caecilia Metella und Terentia ebenso wie für Mucia und Fulvia war die Stellung als Gattin der eigentliche Ausgangspunkt für die Betätigung ihres politischen Einflusses. Iulia überdies besaß in gleichem Maße politische Wirkungsmöglichkeit als Tochter Caesars und Gattin des Pompeius, ebenso wie Octavia als Schwester Octavians und Gattin des Antonius. Auch nahe persönliche Beziehungen nicht verwandtschaftlicher Natur wurden von zahlreichen Frauen zu einer politischen Einflußnahme ausgenützt. So war Clodias politische Rolle weniger durch ihre Ehe mit Metellus Celer als durch ihre Beziehungen zu Cicero, Clodius und Caesar bedingt; auch Mucias Wirksamkeit war ebenso wie die Servilias bestimmt durch das Verhältnis dieser Frauen zu Caesar.

Persönliche Einwirkung auf die maßgebenden Männer der Politik heißt also die einheitliche Grundform der politischen Rolle der Römerin, aus der sich je nach Veranlagung und Charakter der betreffenden Frauen und derer, die sie ihrem Einfluß unterwarfen und je nach Gunst oder Ungunst der politischen Lage die mannigfaltigsten Arten weiblichen Einflusses auf die Politik entfalteten. Der Entwicklung von Cornelias rein mütterlich bestimmten Eingreifen in die Politik bis zu der aus Ehrgeiz, Freude am politischen Spiel und Ruhmsucht erfolgten Einwirkung einer Caecilia Metella, Terentia und Mucia, bis schließlich zu dem ihre ganze Umgebung beherrschenden Einfluß einer Servilia und dem selbstherrlichen Auftreten einer Fulvia entspricht die Verbreiterung des diesem weiblichen Einfluß unterworfenen Wirkungskreises. Während Cornelias Einwirkung noch durchaus familiär zu nennen ist, berührte der politische Einfluß der Caecilia Metella schon weitere Kreise. Auch Terentias politische Betätigung umfaßte Ciceros ganzen Anhang. Mucias und Clodias Einfluß erstreckte sich nach verschiedenen Richtungen, in seinen letzten Auswirkungen oft kaum mehr verfolgbar. Servilia aber hatte sich geradezu zum Haupt einer Partei erhoben, indem sie die Richtung der von ihrer Gens vertretenen Politik in hohem Grade bestimmte. Fulvia schließlich beherrschte zeitweilig die ganze Politik des Senates und der Konsuln und die von ihr geworbenen Truppen fochten in Italien gegen Octavian und seine Anhänger.

Außer durch Abstammung, Charakter und Persönlichkeit wurde Art und Umfang der politischen Wirksamkeit der Frau in Rom vor allem bedingt durch die Stellung des Mannes, auf den sich ihr Einfluß erstreckte. Es wurde schon betont, daß bei der grundsätzlichen Ausschaltung der Frau aus dem politischen Leben der persönliche Einfluß sich besonders dadurch auswirken konnte, daß in Rom das oligarchisch-aristokratische Prinzip herrschend war, daß also im Gegensatz zur Demokratie nur einzelne Staatsmänner die Führung innehatten, die einer Beeinflussung durch die Frauen ihrer Umgebung leichter zugänglich waren als etwa die Träger einer rein demokratischen Regierungsform. Je höher aber innerhalb der optimatischen Politik die Stellung eines Staatsmannes war, desto weiter reichte der Einfluß, den eine Frau auf seine Entschließungen gewonnen hatte. Besonders mächtig war daher natürlich die politische Rolle jener Frauen, die im Rahmen der werdenden Monarchie zu politischer Bedeutung gelangt waren. In der Tat sind das die beiden Kreise, in denen sich der politische Einfluß der Frauen im letzten Jahrhundert der Republik auswirkte, die optimatische Politik und die Politik der Vorkämpfer der Alleinherrschaft. Hauptvertreterinnen der einen Richtung sind Terentia und Servilia, während Caecilia Metella und Mucia Tertia, Fulvia und Octavia in den politischen Kampf um die Aufrichtung des persönlichen Regimentes mit ihrem Einfluß eingriffen.

In hohem Maße war auch die politische Rolle der Römerin nicht von der Frau selbständig ergriffen und ausgeübt, sondern beruhte vielfach auf politischer Berechnung der Staatsmänner. In überaus zahlreichen Fällen haben die römischen Politiker Frauen und deren persönlichen Einfluß als mächtige Faktoren in ihre politischen Spekulationen einbezogen. Schon Tiberius Gracchus hatte versucht, das große Ansehen seiner Mutter zu einer günstigen Beeinflussung des Volkes wirksam zu machen. Seitdem ist diese von den Staatsmännern den Frauen zuerteilte Rolle innerhalb der Politik namentlich eine Begleiterscheinung der werdenden Monarchie. Nach Sulla hat besonders Caesar, aber auch Antonius und Octavian, Frauen in den Dienst der eigenen Politik gestellt. So waren außer den zahlreichen Frauen, die wie Pompeia, Calpurnia und Cornelia eine politische Koalition durch ihre Ehe vermitteln mußten, auch Caecilia Metella, Mucia und Clodia, Iulia und Octavia wichtige Mittel in den Bestrebungen ihrer Väter, Gatten und Brüder. Im Zusammenhang damit steht auch die Entwicklung einer gewissen Ehrenstellung, die einzelnen Frauen zuteil wurde. Von der gesetzwidrigen Aufstellung einer Statue für die Mutter der Gracchen durch das Volk geht die Entwicklung über die Abhaltung außergewöhnlicher Leichenfeiern und öffentlicher Grabreden, von Volksbewirtungen und ehrenvollen Bestattungen bis zur Gewährung des Bildnisrechtes auf Münzen, ja zur Vergöttlichung und schließlich zur Erklärung der Sacrosanctitas der Frauen durch Octavian. Diese Entwicklung aber war ganz durch die Politik der Staatsmänner bedingt.

Eine besondere Stellungnahme zur politischen Rolle der Frau ist für das römische Volk, für die Bevölkerung der Hauptstadt zu beobachten. Das Volk erkannte den Einfluß der Frauen auf die politischen Entschließungen seiner Führer an, unterstützte ihn oftmals oder forderte ihn sogar. Eigennutz und eine im letzten Jahrhundert der Republik beginnende Untertanengesinnung haben diese Haltung des städtischen Publikums bestimmt.

Fast durchweg ist im letzten vorchristlichen Jahrhundert auch der Einfluß der Emanzipation auf die Art und Weise der politischen Wirksamkeit der Frau wahrzunehmen. Nicht nur, daß die privatrechtliche Entwicklung den Frauen persönliche Selbständigkeit und finanzielle Unabhängigkeit ermöglichte, der sittliche Verfall hatte auch in moralischer Hinsicht die Schranken für die Frau niedergelegt. Frauen aus den vornehmsten Häusern unterhielten die freiesten Beziehungen zu den Männern, die im Staatsleben eine führende Rolle spielten. Leidenschaft und politischer Ehrgeiz wirkten sich ungehemmt aus, wurden andererseits von den Politikern zur Erreichung ihrer Machtziele ausgenützt. Eine weitgehende Auflösung der alten Zucht und Ordnung griff um sich und brachte es mit sich, daß unter den Feinden des Staates, die auf seinen Untergang sannen, immer wieder auch Frauen sich befanden. Die Schuld an dieser folgenschweren Entwicklung aber liegt in den politischen Verhältnissen des römischen Staates selbst.

Die Politik ist das beherrschende Element in allen Auswirkungen römischen Lebens. Während sie aber in den frühen Jahrhunderten der Republik eine straffe Disziplin in allen Gebieten bewirkt hatte, hatte das Zeitalter der Revolution mit seinem Vorherrschen von ungezügelter Leidenschaft und politischem Geschäftsgeist eine Zersetzung auch der sittlichen Ordnung zur Folge. Was man von Iulia, der Tochter des Augustus, zur Entschuldigung sagen konnte, sie habe durch die bedenkenlose Heiratspolitik ihres Vaters nicht gelernt, Gatten und Liebhaber zu unterscheiden, das gilt in gleichem Maße für fast sämtliche Frauen vom Ende der Republik. Mit größter Gewissenlosigkeit vergab man Frauen von einem Verlobten zum anderen, versetzte man sie aus einer Ehe in die andere. Man scheute sich jetzt nicht mehr, die Unabhängigkeit der Frau zu verwirklichen, um desto leichter das politische Ehebündnis lösen und ein neues schließen zu können. Man erklärte die Frau für einen wichtigen Helfer in allen politischen Fragen. Aber man gab der Frau, die sich plötzlich im Besitze größter Freiheit sah, keinen sittlichen Halt; man dachte nicht daran, ihre politische Bedeutung anders als mit geschäftlichem Vorteil zu begründen. Die allgemeine politische Erregtheit ergriff auch die Frauen, die durch den steigenden Reichtum und Luxus die Aufgaben des Haushaltes und der Familie längst an Untergebene abgetreten hatten und zeitigte Erscheinungen, wie die jener Fulvia und Cornelia aus der Zeit der catilinarischen Verschwörung und ermöglichte Frauen wie Mucia und Clodia weitreichenden Einfluß auf den Gang der politischen Ereignisse. Es kennzeichnet für Rom in gleichem Maße die Zerrüttung der sittlichen und gesellschaftlichen Verhältnisse wie die Verfahrenheit der politischen Lage, die Unmoral der politischen Mittel, wenn Cicero[1]) ausruft: „Wehe dem Staat, in welchem die Frauen die Sache der Männer betreiben!“

Eine sichtbare Änderung in der politischen Rolle der Frau trat ein, als Caesar Octavianus die Führung in der Politik übernahm. Auch er bestrebte sich, den persönlichen Einfluß der Frau in den Dienst seiner Politik zu stellen. Aber er appellierte an ethische Beziehungen zwischen Mutter und Sohn, Bruder und Schwester, Gattin und Gatten. Er suchte den politischen Einfluß der Frau wieder in Bahnen zu leiten, die dem Wesen der Frau allein entsprachen. Im übrigen aber erhob er jene Frauen, denen er eine Rolle im politischen Leben zugestand, zu einer ganz außerordentlichen Ehrenstellung und verpflichtete sie dadurch zu einer für alle Frauen vorbildlichen sittlichen und moralischen Haltung auch in ihrer politischen Tätigkeit. So schien auch in der Gestaltung der politischen Rolle der Frau der Prinzipat die Erfüllung der römischen Republik zu sein.

1) Cicero de rep. IV 5.

## chen Beziehungen

## er im letzten Jahrhundert der Republik

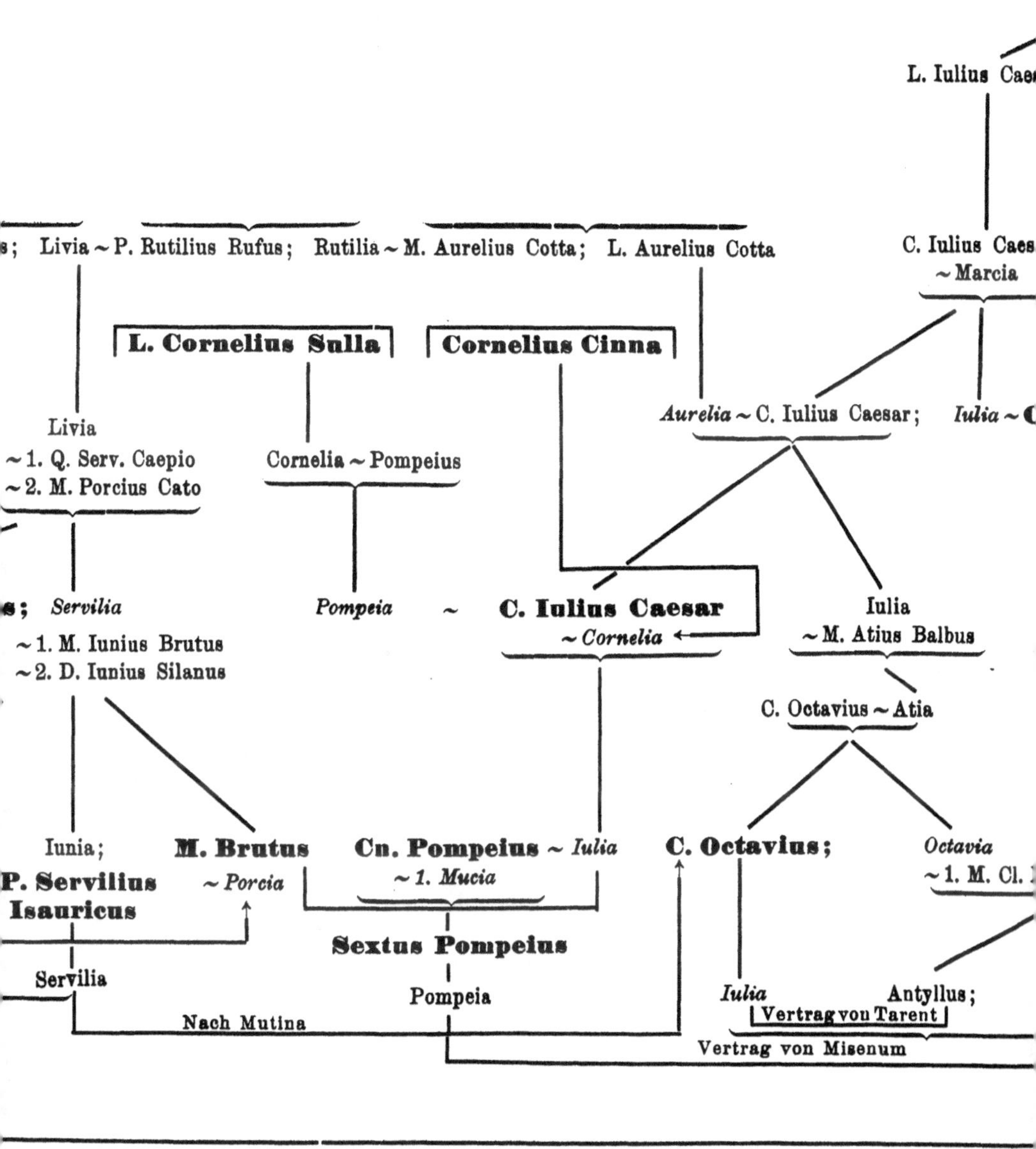

www.ingramcontent.com/pod-product-compliance
Lightning Source LLC
LaVergne TN
LVHW020636100826
845148LV00012B/2203
*9781597406888*